gt es etwas, sich gedanklich
portliche Le

wir:
eißig, in der Gruppe faul!

Leben
Optimisten
eit
wirklich
hmal
besser?
n?

Wer
tun, um
quasselt
flirten?
mehr?

uchteln wir mit den
en, wenn uns ein Wort
nicht einfällt?

# Der Cocktailparty Effekt

# Der Cocktailparty Effekt

## Wie psychologische Phänomene unseren Alltag bestimmen

F. A. Brockhaus

| | | |
|---|---|---|
| Projektleitung: | Cordula Speer | |
| Texte: | Patricia Thivissen, Mihrican Özdem, Dr. Christine Amrhein | |
| Herstellung: | Franziska Hans | |
| Layout: | Verena Wübbe | |
| Satz: | Grafik-Design Achim Müller, Essen | |
| Cover: | Matheus Vilela | |
| Cover- und Titeleibild: | Glas: | istockphoto.com/DNY59 |
| | Frau: | thinkstockphotos.de/Getty/istockphoto/Lev Kropotov |
| | Mann: | thinkstockphotos.de/Getty/Photodisc |
| Druck und Bindung: | Offizin Andersen Nexö Leipzig GmbH | |


Printed in Germany
ISBN 978-3-577-09114-5

Liebe Leserinnen und Leser,

unser gesamtes soziales Miteinander wird bestimmt von psychischen Zusammenhängen. Ob beim Einkaufen, Sporttreiben oder im Kollegengespräch – gerade die ganz normalen und alltäglichen Dinge des Lebens erscheinen in einem neuen Licht, wenn wir sie vor dem Hintergrund psychologischer Forschungsergebnisse betrachten.
Kommen Sie daher mit auf eine spannende und unterhaltsame Reise durch die Welt der Psychologie und erweitern Sie auf kurzweilige Art Ihr Verständnis für eigenes Verhalten und das Ihres Gegenübers.
100 aufschlussreiche Erkenntnisse und Erklärungen der modernen Psychologie zeigen Ihnen, warum wir jeden Tag so und nicht anders handeln!

Viele unterhaltsame Erkenntnisse wünscht

Ihre BROCKHAUS-Redaktion

# Warum glauben wir, dass ein Reinigungsmittel das nach Zitrone riecht, besser putzt?

Wer das denkt, unterliegt dem Irradiationsphänomen: Wir glauben, dass eine Veränderung eines Merkmals (Geruch) ein anderes Merkmal (Putzleistung) beeinflusst, obwohl das objektiv nicht stimmt. Das neue Merkmal strahlt in unserer Wahrnehmung auf andere Eigenschaften aus, und wir werden davon abgelenkt. So beurteilten Menschen gelbe Margarine als streichfähiger als weiße oder glaubten, von innen rot lackierte Kühlschränke kühlten schlechter als blau-grüne. In der Werbung spielt der Irradiationseffekt daher eine wichtige Rolle.

# Warum Zaubertricks

Die Aufmerksamkeit des Menschen ist beschränkt. Man kann nur eine bestimmte Anzahl von Dingen gleichzeitig wahrnehmen, für die übrigen ist man im gleichen Moment „blind“. So übersehen wir zum Beispiel vieles um uns herum, wenn unsere Aufmerksamkeit auf eine bestimmte Aufgabe gerichtet ist. Dies zeigt sich eindrucksvoll in einer US-amerikanischen Studie: Hier sahen die Versuchsteilnehmer einen kurzen Videofilm, in dem die Spieler zweier Teams einen Basketball hin und her warfen. Es sollten nun die Ballwechsel des einen Teams gezählt werden. Dabei übersah die Hälfte der Teilnehmer einen Gorilla, der deutlich sichtbar durch das Bild lief. Diesen Effekt bezeichnen Psychologen auch als Unaufmerksamkeitsblindheit.
Ein verwandtes Phänomen ist die so genannte Veränderungsblindheit. Diese besagt, dass wir – oft überraschend große – Veränderungen übersehen, wenn wir für kurze Zeit abgelenkt sind. So fiel 75 Prozent der Teilnehmer in einer

fallen wir auf herein?

anderen Studie nicht auf, dass der Hauptdarsteller eines kurzen Films nach einem Szenenwechsel eine gänzlich andere Person war. Bereits eine kurze Ablenkung kann dazu führen, dass uns die Veränderung entgeht – zum Beispiel, wenn wir einen Moment lang wegschauen oder wenn eine Person für kurze Zeit verdeckt ist.

Die meisten Menschen sind sich dieser Einschränkungen selbst gar nicht bewusst – die Mehrheit ist überzeugt, dass sie einen so auffälligen Reiz wie einen Gorilla im Bild oder einen Wechsel des Schauspielers höchstwahrscheinlich bemerken würde.

Zauberer machen sich diese psychologischen Besonderheiten geschickt zunutze, um die Aufmerksamkeit ihrer Zuschauer auf einen bestimmten, zumeist unwichtigen Aspekt ihres Handelns zu lenken. Sie schwenken zum Beispiel mit der einen Hand effektvoll ein Tuch hin und her, während sie mit der anderen unbemerkt einen Gegenstand verschwinden lassen.

# Man kann es ansehen, Vergangenes

Denn sein Körper bewegt sich unbemerkt mit! Wenn wir an die Zukunft denken, neigen wir uns leicht nach vorn, wenn wir an die Vergangenheit denken, leicht nach hinten. Das hat damit zu tun, dass wir uns die Zukunft vor uns liegend vorstellen und die Vergangenheit hinter uns. Was sich in unserem Geist abspielt, wird gewissermaßen von unserem Körper übersetzt. Stattet man Versuchspersonen mit einem Bewegungssensor aus, verbindet ihnen die Augen und bittet sie, sich hinzustellen und an den Alltag von vor vier Jahren zu denken beziehungsweise sich den Alltag in vier Jahren vorzustellen, ist das beschriebene Ergebnis klar erkennbar: Diejenigen mit der Vergangenheitsfantasie bewegen sich leicht nach hinten, die Gruppe mit der Zukunftsfantasie dagegen leicht nach vorn. Forscher vermuten, dass solche gedanklichen Zeitreisen mit Hirnaktivitäten gekoppelt sind, die zuständig sind für das Planen und Ausführen gerichteter Bewegungen.

einem Menschen wenn er an denkt!

Interessant wäre es, diese Untersuchung mit den Aymara durchzuführen, einem südamerikanischen Volk in den Anden. Es ist nämlich das einzige bekannte Volk, das sich die Vergangenheit vor sich liegend vorstellt und die Zukunft hinter sich. Wenn Aymara von Vergangenem erzählen, deuten sie mit der Hand nach vorn; geht es um die Zukunft, zeigen sie mit dem Finger über die Schulter hinweg nach hinten. Das wird so erklärt: Den Aymara ist die Vergangenheit – das, was sie wissen können, weil es sich schon ereignet hat – wichtiger als die unbekannte Zukunft. Und weil sie die Vergangenheit kennen, liegt sie vor ihnen, vor ihren Augen. Die Zukunft kennen sie nicht, sie liegt nicht im Sehbereich, also hinter ihnen. Würden nun Aymara bei Gedanken an die Zukunft nach hinten und bei Gedanken an die Vergangenheit nach vorn schwanken? Vermutlich ja.

# Seinem Ärger tut gut,

Manchmal kann es befreiend sein, Dampf abzulassen. Psychologen raten aber trotzdem nicht dazu. Denn meist verstärkt sich der Ärger sogar noch. Dies zeigen verschiedene Studien. So fragten Psychologen 100 Ingenieure und Techniker, denen von einem Luftfahrtunternehmen gekündigt worden war, nach ihrem Ärger über ihre Entlassung. Sie konnten ihrer Wut richtig Luft machen, zum Beispiel indem sie sich an Situationen erinnerten, in denen sie sich unfair behandelt gefühlt hatten. Doch statt dadurch gelassener zu werden, verstärkte sich ihre Wut. Im Vergleich zu weiteren Mitarbeitern, deren Ärger auf die Firma von den Wissenschaftlern nicht geweckt worden war, beurteilten sie ihr Unternehmen anschließend negativer.
Auch das Einschlagen auf einen Punching-Ball bringt nicht viel, zeigt eine andere Untersuchung. Hier wurden die Versuchspersonen vorher provoziert – und sie glaubten sogar daran, dass das Sich-Abreagieren befreiend sein würde. Das Gegenteil war der Fall. Die provozierten Per-

# Luft zu machen oder?

sonen wurden durch das Malträtieren des Punching-Balls noch aggressiver. Und wenn sie über die Person nachgrübelten, auf die sich ihr Ärger richtete, verstärkte sich ihr Wunsch, an dieser Rache auszuüben. Dies macht aber auch deutlich: Ärger in sich hineinzufressen, indem man immer wieder darüber nachdenkt, hilft ebenfalls nicht weiter. Stattdessen sollten wir versuchen, unseren Ärger zu kontrollieren. Dies funktioniert manchmal durch einen ganz einfachen Trick: abwarten. Einige Menschen zählen bekanntlich innerlich bis 10. Da Ärger sich auch durch körperliche Erregung äußert, kann sich diese so wieder beruhigen, und meist gelingt es uns dann leichter, die Situation neu zu betrachten.
Untersuchungen haben zudem ergeben, dass es einen Zusammenhang zwischen Ärger und dem Auftreten von Herzkrankheiten sowie Bluthochdruck gibt. Dann doch lieber gelassen gesund bleiben – und nicht mehr in die Luft gehen!

# Was verbirgt sich hinter dem Cocktailparty-Effekt?

Dahinter steckt die Fähigkeit, unsere Aufmerksamkeit selektiv einzusetzen: Wir richten sie auf einen Aspekt und blenden andere Informationen aus. So können wir auf einer lauten Party unserem Gesprächspartner zuhören und andere Geräusche unterdrücken, so dass diese nicht bewusst verarbeitet, aber trotzdem wahrgenommen werden. Denn wenn jemand im Raum plötzlich unseren Namen nennt, schwenkt unsere Aufmerksamkeit sofort zu diesem Gespräch, damit wir mitbekommen, was über uns gesagt wird.

# Eigentlich sind Horrorfilme ziemlich grausam – warum schauen wir sie trotzdem gerne?

Dahinter steckt ein Gefühl, das Emotionspsychologen als Angstlust oder Thrill bezeichnen: Wenn im Horrorfilm der Hauptdarsteller vom personifizierten Bösen angegriffen wird, aber auch beim Achterbahnfahren oder Bungee-Springen setzen wir uns einer vermeintlichen Gefahr aus, um anschließend wieder zu Sicherheit und Geborgenheit zurückzukehren. Reizvoll ist dabei die angenehme Spannung zwischen diesen beiden Polen. Angstlust erleben wir schon in unserer Kindheit, zum Beispiel beim Versteckenspielen oder bei der Nachtwanderung.

# Warum sind verlockender mehreren Schritten

Zu den typischen Denkfehlern, die viele Menschen machen, gehört es, im Alltag nicht ganz sicher mit Bruchteilen eines Ganzen oder Prozentwerten umzugehen. Wird beispielsweise der Preis einer Ware zunächst um 15 Prozent und dann nochmals um 10 Prozent gesenkt, tendieren die meisten Menschen dazu, die Zahlenwerte einfach zu addieren. Sie kommen dann zu dem Ergebnis, dass der Preis insgesamt um 25 Prozent gesunken sei. Tatsächlich bezieht sich die zweite Senkung aber bereits auf einen niedrigeren Ausgangswert – die reale Vergünstigung beträgt daher nur 23,5 Prozent.
Bei einer Preissteigerung ist es dagegen genau umgekehrt: Wird der Preis zuerst um 15 Prozent und dann nochmals um 10 Prozent erhöht, beträgt die Preissteigerung nicht 25, sondern 26,5 Prozent.
Dieser Effekt führt dazu, dass Kunden sich bei Kaufentscheidungen leicht hinters Licht führen lassen. Teilnehmer eines Experimentes waren z. B. bei einer Aufgabe eher bereit,

Sonderangebote wenn der Preis in gesenkt wird?

Benzin bei einer Tankstelle zu kaufen, wenn der Benzinpreis schrittweise um einige Prozent gesenkt worden war. Auch wenn der Benzinpreis in mehreren Prozentschritten erhöht wurde, war die Kaufbereitschaft größer als bei einer einmaligen Preissteigerung. Der Grund dafür: Im ersten Fall überschätzten die Testpersonen die Preissenkung, im zweiten Fall sahen sie die Preissteigerung als zu wenig gravierend an. Marketingfachleute machen sich diesen Effekt zunutze, um ihren Kunden eine Preissenkung verlockender erscheinen zu lassen oder um eine Preissteigerung abzumildern.
Ganz undurchschaubar wird es, wenn Preise zuerst absichtlich erhöht und dann wieder gesenkt werden oder wenn Zinsen zunächst gesenkt und dann wieder erhöht werden. Hier reichen selbst gute Kenntnisse in Prozentrechnung nicht mehr aus, um die Tricks zu durchschauen und die tatsächliche Preis- oder Zinsänderung zu erkennen.

# Attraktive Menschen im Leben.

Ja! Zahlreiche psychologische Untersuchungen bestätigen diese These. Lernen sich Menschen kennen und sollen danach angeben, ob sie den anderen wiedertreffen möchten, entscheidet unter Eigenschaften wie Intelligenz, Aufrichtigkeit und Attraktivität am meisten die Attraktivität über einen weiteren Kontaktwunsch.
Attraktiven Menschen werden viele positive Eigenschaften zugeschrieben: Sie gelten u. a. als aufgeschlossener, gefühlvoller, interessanter, ausgeglichener, und es wird angenommen, sie hätten einen besseren Charakter als weniger schöne. Entsprechend werden die Attraktiven freundlicher behandelt: Wenn ein Mann aufgefordert wird, mit einer Frau zu telefonieren, und ihm wird ein Foto einer attraktiven Frau gezeigt, das angeblich die Gesprächspartnerin abbildet, geht er auf diese Frau stärker ein als auf eine vermeintlich weniger schöne Frau.
Auch im Beruf punkten die Attraktiven, beispielsweise

# haben mehr Chancen Stimmt das?

erhalten groß gewachsene Männer durchschnittlich ein höheres Gehalt als ihre kleineren Kollegen.
Und schon Babys profitieren von ihrem guten Aussehen: Zu früh geborene hübsche Säuglinge nehmen schneller an Gewicht zu und können früher aus dem Krankenhaus entlassen werden – denn die Schwestern kümmern sich unbeabsichtigt mehr um diese Babys, sie nehmen sich beispielsweise mehr Zeit beim Füttern oder spielen länger mit ihnen.
Nicht immer haben es jedoch die Attraktiven gut. Die beruflichen Chancen sinken bei attraktiven Frauen in typischen Männerberufen, wie etwa im Finanzbereich. Im privaten Bereich bestehen auch negative Stereotype. Sie besagen z. B., dass attraktive Frauen schlechtere Mütter seien. Insgesamt betrachtet stehen jedoch attraktivere Menschen eindeutig besser da, sie haben es in vielem leichter.

# Haben es schwerer

In einigen Bereichen schon. Das zeigt die Forschung zu den sogenannten Chronotypen. In die lassen wir uns aufgrund unserer Schlafgewohnheiten einteilen: Der genetisch angelegte und damit angeborene Chronotyp bestimmt, wie unsere innere Uhr tickt. Forscher unterscheiden zwischen Eulen und Lerchen sowie Abstufungen dazwischen. Eulen sind Abendmenschen, die erst spät ins Bett gehen und morgens nur schwer und mit Hilfe eines Weckers aufstehen können, Lerchen sind ausgesprochene Frühaufsteher, die von allein aufwachen, dafür abends sehr früh müde werden. Obwohl es nur wenige Lerchen gibt und die meisten Menschen zu den Abstufungen des Spättyps gehören, ist unsere Gesellschaft eher auf die Frühaufsteher ausgerichtet. Wir müssen um 8 Uhr in der Schule und um spätestens 9 Uhr bei der Arbeit sitzen, schaffen es aber oft am Abend nicht früh genug ins Bett. Deshalb schlafen viele Menschen unter der Woche zu wenig. Dies zeigt sich in Untersuchungen,

# Schlafmützen im Leben?

die die Schlafgewohnheiten unter der Woche mit denen am Wochenende vergleicht: Das häufig bei Jugendlichen ausgeprägte Phänomen, am Wochenende bis in die Puppen zu schlafen, zeigen, wenn auch abgeschwächt, ebenfalls viele Erwachsene. Sie holen den Schlaf nach, den sie unter der Woche verpassen. Forscher sprechen daher von einem sozialen Jetlag, denn sie passen ihre Zeit den sozialen Gegebenheiten an und nicht den biologischen.
Tatsächlich kann dieses Schlafdefizit bedeutende Auswirkungen haben. Eulen sind nicht nur schlechter in der Schule, schlafen schlechter, fühlen sich tagsüber öfter müde und sind depressiver als Lerchen, sie rauchen auch häufiger und trinken mehr Alkohol und Kaffee. Schlafforscher plädieren daher dafür, Arbeits- und Schulzeiten nach hinten zu schieben oder flexibler zu gestalten, damit mehr Menschen ihrer inneren Uhr folgen können und somit gesünder und leistungsfähiger sind.

# Warum ausgerechnet dann wir es auch

Die Grippewelle geht um, wir haben Angst, dass wir uns anstecken – und schon sind wir auch krank. Vielleicht haben wir wirklich die Grippe. Oder wir erliegen dem Nocebo-Effekt: Wir fühlen uns krank, ohne dass es einen physischen Auslöser gibt – einfach, weil wir es erwarten. Der Nocebo-Effekt ist das Gegenteil des Placebo-Effekts. Beide haben mit unseren Erwartungen zu tun – beim Placebo-Effekt sind es die positiven Erwartungen über die Wirkung eines Medikaments, beim Nocebo-Effekt die negativen. Entdeckt wurde dieses Phänomen in medizinischen Studien: Versuchspersonen zeigten dabei Nebenwirkungen eines Medikaments, obwohl sie nur ein Placebo erhalten hatten. Typische Symptome beim Nocebo-Effekt sind Kopfschmerzen, Übelkeit oder Abgeschlagenheit, aber auch objektiv messbare Werte wie Blutdruck oder Puls können sich verändern.
Eindrucksvoll ist das Beispiel eines 26-Jährigen, der an einer Studie zu Antidepressiva teilnahm: Er hatte Liebeskummer

werden wir krank, wenn erwarten?

und schluckte in Selbstmordabsicht 29 Kapseln der angeblichen Antidepressiva – in Wirklichkeit war es nur ein Placebo. Und obwohl er körperlich völlig gesund war, sank sein Blutdruck rapide, so dass er kollabierte. Er erhielt Infusionen mit Kochsalzlösung, bis er sich stabilisierte. Die Symptome verschwanden aber erst, als man ihn darüber aufklärte, dass er keine Antidepressiva, sondern ein Placebo geschluckt hatte. Auch der Voodoo-Zauber ist auf den Nocebo-Effekt zurückzuführen: Angeblich verhexte Personen sterben manchmal wirklich – aber vor Angst. Der Nocebo-Effekt ist noch nicht so bekannt wie der Placebo-Effekt, der vielen Menschen ein Begriff ist. Neuere Untersuchungen haben gezeigt, dass letzterer sogar auftreten kann, wenn die Patienten wissen, dass sie ein Placebo bekommen. Worauf diese Effekte beruhen, soll in Zukunft weiter erforscht werden.

# Warum lächeln jeden Menschen an dann plötzlich an

Erst im Alter von etwa acht Monaten sind Babys in der Lage, zwischen fremden und vertrauten Gesichtern zu unterscheiden. Beim Anblick eines unbekannten Gesichts schauen sie weg, suchen Schutz bei Mutter oder Vater, schreien oder versteifen sich – diese Phase des Fremdelns wird daher auch Acht-Monats-Angst genannt.
Dieses Verhalten sorgt bei den Eltern oft für Verwunderung – war das Baby bis dahin doch ein ausgesprochener Sonnenschein und hat seine Mitmenschen mit einem freudigen Lächeln begrüßt. Besonders viel einbilden sollte man sich hierauf indes nicht: Tatsächlich lächeln Kinder vor dem achten Monat sogar Gesichter an, die auf einem Pappkarton aufgemalt sind. Dieses Verhalten beginnt etwa im dritten Monat, wenn Säuglinge in der Lage sind, ein Lächeln zu erwidern. Und es ist insofern sinnvoll, als das Zurücklächeln bei den Eltern oder Betreuungspersonen Glücksgefühle auslöst. Das Baby stärkt so die Bindung

# Babys erst und fangen zu fremdeln?

zwischen sich und seinen Bezugspersonen, was evolutionspsychologisch betrachtet überaus wichtig für sein Überleben ist, ist es doch auf die Liebe und Zuwendung anderer Menschen angewiesen.

Ab dem achten Monat ist die Entwicklung des Säuglings dann so weit fortgeschritten, dass er genau weiß, ob das ihn anlächelnde Gesicht zu seiner Bezugsperson gehört oder nicht. In der Entwicklungspsychologie spricht man auch von Schemata von Personen, die das Kind miteinander vergleicht. Plötzlich kommt eine neue Emotion hinzu – das Kind erkennt das Fremde als Bedrohung und empfindet Angst. Gleichzeitig wird die Bindung zwischen Bezugsperson und Kind immer ausgeprägter: Meist ist der Kontakt mit dem vertrauten Menschen notwendig, damit sich das Baby wieder beruhigt und sich der fremden Person vielleicht sogar neugierig nähern kann.

# Mit einem geht alles

Was tun wir automatisch, wenn wir einen Nagel in die Wand schlagen wollen, aber mit dem Hammer den Daumen erwischen? Wir fluchen laut! Wir tun das, weil es uns den Schmerz erträglicher macht.
Und das nicht nur subjektiv, wie in Untersuchungen festgestellt wurde: Studierende wurden aufgefordert, ihre Hand in eine Wanne mit eiskaltem Wasser zu halten. Eine Gruppe durfte dabei frei fluchen, eine andere Gruppe nur neutrale Worte von sich geben. Bei jenen Studenten, die geflucht hatten, ließ sich im Vergleich zu den nichtfluchenden Studenten eine deutlich höhere Herzfrequenz messen. Sie hielten die Hand länger im Wasser und empfanden weniger Schmerz. Die Forscher nehmen an, dass durch das Fluchen die Stressreaktion „Kampf oder Flucht" in Gang gesetzt wird: Adrenalin wird freigesetzt, und Herz- und Atemfrequenz, Muskelspannung und Blutzuckerspiegel werden erhöht, so dass die Person leichter „kämpfen oder fliehen" kann. Spon-

# Fluch besser!

tanes Schimpfen macht also schmerztoleranter, es hemmt die Angst vor Schmerzen, was die Schmerzwahrnehmung verändert. Es wäre demnach falsch, das natürliche Fluchbedürfnis zu unterdrücken, wenn man Schmerz ausgesetzt ist. Eine die Schmerztoleranz erhöhende Wirkung haben auch süße Düfte. Wurde Personen, die ihren Unterarm in eiskaltes Wasser legten, ein süßer, ein neutraler oder ein unangenehmer Duft zum Schnüffeln gegeben, hielten diejenigen, die am Süßen rochen, den Schmerz am längsten aus. Allerdings fühlten alle drei Gruppen etwa die gleiche Schmerzstärke. Süßer Geruch mindert also nicht die Schmerzwahrnehmung an sich, sondern sorgt nur dafür, dass der Schmerz länger ausgehalten wird. Der Hintergrund scheint folgender zu sein: Das Gehirn erhält sowohl eine positive (den angenehmen Duft) als auch eine negative Information (den Schmerz), wobei die positive die negative überlagert.

# Woher Déjà-vu-

Sie kennen es sicher: Sie sind in einer fremden Stadt und gehen in ein Geschäft. Plötzlich erschrecken Sie, weil Sie haargenau dieselbe Situation schon einmal erlebt haben. Die Straße, das Geschäft, die Leute, deren Kleidung ... – alles absolut gleich.

Manche Menschen glauben, dass Sie solche Situationen aus einem „früheren Leben" kennen. Andere vermuten Telepathie, über die das Erlebnis einer anderen Person sie erreicht. Die Psychologie betrachtet Déjà-vus jedoch rational und gibt eine Reihe von Erklärungsmodellen.

Neuropsychologen gehen von einer verfehlten Hirnfunktion aus, etwa in Belastungssituationen, bei Erschöpfung oder Müdigkeit. Die Nervenzellen in bestimmten Hirnbereichen, vor allem im Hippocampus, werden fälschlich aktiviert – eben jene Nervenzellen, die zuständig sind für die Meldung, dass etwas bekannt ist. Hinweise dafür liefern Epilepsie-Patienten, die häufige Déjà-vus haben. Deren Anfälle sind

# kommen Erlebnisse?

mit Aktivitäten dieser Hirnregionen verbunden. Aus neuropsychologischer Sicht hat also ein Déjà-vu nichts damit zu tun, dass die Situation schon einmal erlebt wurde, sondern das Gehirn hat einen Schaltfehler.
Die Kognitive Psychologie nimmt hingegen an, dass die Person beim Déjà-vu tatsächlich eine Begebenheit ein zweites Mal erlebt. Nur gibt es dieser Theorie zufolge eine Störung in der Informationsverarbeitung, die dem Menschen vorgaukelt, es handle sich um genau die gleiche Situation. Bei der ersten Begegnung mit der Situation bleiben einige Wahrnehmungen unterhalb einer Bewusstseinsschwelle. Beispielsweise gelangt ein Detail, etwa die Auslage eines Geschäftes, nicht ins Bewusstsein. Bei der zweiten Begegnung löst dieses Detail aber – korrekt – Vertrautheit aus, was befremdlich wirkt, und diese Vertrautheit wird fälschlicherweise auf die ganze Situation übertragen.

# Warum ist es einer Flasche zu „giftig“ steht?

Selbst wenn in der Flasche ganz normales Zuckerwasser ist: Ein Giftsymbol oder die Aufschrift Blausäure würde bei uns ein mulmiges Gefühl verursachen, wenn wir das Wasser trinken müssten. Die meisten Menschen bevorzugen eher eine Flasche, auf der Zuckerwasser steht – auch wenn sie genau wissen, dass in beiden Flaschen das Gleiche enthalten ist. Eine Studie zeigt: Dieses Verhalten tritt sogar dann auf, wenn die Versuchspersonen selbst das Zuckerwasser anmischen und dann einen Aufkleber „Blausäure“ auf die Flasche kleben.

Doch warum haben rationale Argumente hier keine Chance? Das liegt an der sogenannten klassischen Konditionierung. Damit bezeichnet die Lernpsychologie die Verknüpfung eines bestimmten Reizes mit einer Reaktion, die zuvor aufgrund eines anderen Reizes aufgetreten ist: Wir lernen dann eine neue Verbindung zwischen einem eigentlich neutralen Reiz und der Reaktion. Ein bekanntes Beispiel ist der Pawlow'sche

unangenehm, aus
trinken, auf der

Hund: Dieser sonderte Speichel ab, wenn er Futter bekam. Brachte man ihm einige Zeit lang das Futter und läutete dabei eine Glocke, konnte schließlich auch allein das Läuten dazu führen, dass der Hund speichelte – ganz ohne Futter.
Auf das Beispiel mit der Giftflasche bezogen bedeutet dies: Wir wissen, dass giftige Stoffe gefährlich sind, und meiden diese. Ein Giftsymbol oder das Etikett „Blausäure" befinden sich jedoch in erster Linie nur auf Gefäßen, die auch solche enthalten. Wir beginnen, dieses Symbol oder den Blausäure-Aufkleber mit der Zeit mit Gift zu assoziieren. Diese Assoziation zwischen Reiz (Aufkleber) und Reaktion (Vermeiden, da Gefahr droht) ist so stark, dass auch alle Vernunft dagegen nicht hilft. Hier setzt sich die klassisch konditionierte Reaktion „das ist gefährlich" gegen das Wissen, dass der Reiz eigentlich harmlos ist, durch.

# Warum ist eine „limitierte Auflage“ besonders interessant?

Weil beim Kunden Reaktanz entsteht, d. h. das Gefühl, in seiner Freiheit eingeschränkt zu werden. Eine Designer-Vase ist nur in einer begrenzten Zahl verfügbar? Nach der Reaktanztheorie werden wir jetzt – wenn wir Vasen-Fans sind – das Gefühl bekommen, bald nicht mehr die Freiheit zu haben, das gute Stück zu kaufen. Wir werden dann versuchen, die Reaktanz zu minimieren, d. h. unsere Freiheit wiederherzustellen: Wir warten nicht ab, sondern kaufen die Vase sofort. Psychologen bezeichnen dies auch als Hard-to-get-Phänomen.

# Warum stört uns eine negative Eigenschaft bei manchen Personen mehr als bei anderen?

Weil es darauf ankommt, wie wir die Person insgesamt einschätzen. Ist unser Gesamturteil positiv, etwa bei einem Freund, stört uns eine negative Eigenschaft nicht so sehr. Mögen wir jemanden generell nicht, spielen hingegen seine positiven Eigenschaften kaum eine Rolle. Dass der Gesamteindruck ein Merkmal „überstrahlt", aber auch ein Merkmal den Gesamteindruck beeinflusst, wird in der Psychologie als Halo-Effekt bezeichnet. So werden Brillenträger oft als „intelligent" oder Beleibte als „gutmütig" wahrgenommen.

# Sind Männer anders

„Männer reagieren stärker eifersüchtig, wenn die Partnerin sexuell untreu wurde, als wenn sie emotional untreu wurde. Hingegen reagieren Frauen stärker eifersüchtig, wenn der Partner emotional untreu wurde, als wenn er sexuell untreu wurde." Diese allgemein vorherrschende Meinung wird unter anderem evolutionspsychologisch erklärt: Gehe die Frau sexuell fremd, könne sich der Mann seiner Vaterschaft nicht mehr sicher sein. Und darauf komme es ihm hauptsächlich an. Der Frau hingegen sei die emotionale Bindung des Mannes wichtiger, denn sie brauche seine Zuwendung als Versorger der Familie – werde er emotional untreu, bestehe die Gefahr, dass er sie verlässt, sie also seine Zuwendung verliert.

Neuere Untersuchungsergebnisse widersprechen aber der Eingangsbehauptung und der evolutionspsychologischen Erklärung. Einige Studien postulieren, der sexuelle Seitensprung werde generell leidvoller und quälender erlebt als der

# und Frauen eifersüchtig?

emotionale, und zwar von Frauen wie auch von Männern. Andere Forscher gehen davon aus, dass Menschen emotionales und sexuelles Fremdgehen durchaus verschieden stark verletzend erleben, aber dass dies keine Geschlechterfrage, sondern eine Typfrage ist. Bei der Frage, ob wir sexuellen oder emotionalen Verrat als schlimmer erleben, spielt es demnach keine so große Rolle, ob wir eine Frau oder ein Mann sind, sondern vielmehr, was für ein Beziehungstyp wir sind. Legen wir mehr Wert auf die emotionale Bindung und Sicherheit in der Beziehung, reagieren wir eifersüchtiger, wenn der Partner emotional untreu wird. Sind wir hingegen jemand, dem Unabhängigkeit in der Partnerschaft wichtiger ist, dann empfinden wir die sexuelle Untreue des Partners als verletzender.

Welche Art Seitensprung und welcher Typ auch immer – auf die Erfahrung von Untreue möchten sicher die meisten von uns verzichten!

# Mal wieder den ins Haustürschloss

Täglich schließen wir unsere Haustür auf und zu. Und natürlich wissen wir genau, welcher Schlüssel in welches Schloss gehört, zum Beispiel ist der Kellerschlüssel eckig, der Haustürschlüssel rund. Trotzdem passieren solche Fehler immer wieder – gerade bei Tätigkeiten, die wir schon sehr oft ausgeführt haben.
Der Grund dafür liegt in der Automatisierung. Bestimmte Reize lösen bei uns ganz unwillkürlich eine passende automatisierte Verarbeitung aus. Diese erfolgt weitgehend unbewusst und sehr schnell. Und gerade Tätigkeiten, die wir sehr oft ausführen oder üben, laufen bei uns völlig automatisiert ab – Beispiele dafür sind Lesen oder Autofahren. Fehler der automatisierten Verarbeitung entstehen zum Beispiel durch die Ähnlichkeit von Reizen – wie der zweier Schlüssel. In der Wahrnehmungspsychologie werden solche Fehler als Beschreibungsfehler bezeichnet. Wenn wir dann

# Kellerschlüssel gesteckt?

merken, dass wir gerade mal wieder den falschen Schlüssel benutzen wollen, wechseln wir zu einer kontrollierten Verarbeitung und suchen uns ganz bewusst den richtigen Schlüssel heraus.

Andere Fehler, die aufgrund von automatisierter Verarbeitung entstehen können, sind assoziationsbedingt: Hier lösen bestimmte Assoziationen eine falsche psychische Verarbeitung aus, zum Beispiel, wenn ein Schüler seine Lehrerin „Mama“ nennt oder wir Gegenstände falsch bezeichnen, etwa, wenn wir sagen: „Ich räume mal schnell das Geschirr in die Mikrowelle.“

All diesen Fehlern liegt zugrunde, dass wir in solchen Momenten, in denen sie uns passieren, nicht sehr bewusst bei der Sache sind – wir müssen dann erst einmal wieder „unser Gehirn einschalten“.

# Warum kommen zwei Muttersprachen

Wenn Kinder von Geburt an mit zwei Sprachen aufwachsen, können sie zwei Erstsprachen entwickeln. Wichtig ist aber, dass sie beide Sprachen gleichberechtigt lernen – zum Beispiel, indem die Eltern konsequent in ihrer jeweiligen Muttersprache mit ihnen sprechen und die Kinder so angehalten sind, in beiden Sprachen zu kommunizieren. Die Kinder erwerben dann beide Sprachen gleichzeitig. Psychologen bezeichnen solche Menschen als bilingual, das heißt, sie können sich in jeder Sprache auf muttersprachlichem Niveau mit anderen Muttersprachlern unterhalten. Es gibt Untersuchungen von Gehirnen zweisprachiger Menschen, die zeigen, dass beide Sprachen im gleichen Areal des Gehirns verarbeitet werden – ein wesentlicher Unterschied zu Menschen, die eine Muttersprache haben und eine zweite Fremdsprache später dazu lernen: Bei ihnen werden normalerweise beim Hören der Fremdsprache andere Teile des Gehirns aktiviert als beim Hören der

# Menschen mit nicht durcheinander?

Muttersprache. Erst wenn wir eine Fremdsprache wirklich sehr gut beherrschen, wird sie zunehmend auch im Areal der Muttersprache verarbeitet.

Beim Erlernen der beiden Erstsprachen wird bei bilingualen Menschen offenbar für jede Sprache ein eigenes „Wörterbuch" im Gehirn angelegt. Aus diesem Grund kommen sie auch nicht durcheinander oder vermischen beide Sprachen ständig miteinander – ein Problem, das viele kennen, die zu einer Fremdsprache noch eine weitere hinzulernen wollen.

Tatsächlich hat es sogar Vorteile, wenn Kinder zwei Muttersprachen entwickeln. Zwar zeigen Studien, dass sie insgesamt etwas später anfangen zu sprechen als Kinder mit nur einer Muttersprache. Dies holen sie in der Regel aber schnell auf. Und tatsächlich kann es ihnen im späteren Leben sogar leichter fallen, weitere Sprachen als Fremdsprachen hinzuzulernen.

# Warum lernt ma seine späteren Freunde

Unser bester Freund? Saß am ersten Tag in der Schule neben uns. Trafen wir auf der Einführungsveranstaltung in der Uni. War der Kollege, der uns an unserem ersten Arbeitstag die Abteilung zeigte.

Das Gefühl, neu zu sein, und die Menschen, die in dieser Situation in unserer Nähe sind, beeinflussen offenbar unsere Sympathien. In einer Untersuchung wurde Studierenden, die sich das erste Mal in einer Vorlesung trafen, per Zufall ein Platz zugewiesen. Dann kamen sie einzeln nach vorne und stellten sich vor. Alle füllten danach einen Fragebogen aus, auf dem sie angeben sollten, wie sympathisch sie die jeweilige Person fanden. Die Studenten saßen im Raum in mehreren Reihen – es gab also bei diesem ersten Treffen Personen, die nicht miteinander in einer Reihe oder nebeneinander saßen. Das Ergebnis: Sympathien hatten die Studierenden vor allem für ihre Sitznachbarn, aber auch für diejenigen in ihrer Reihe. Personen, die woanders im Raum saßen, wurden hingegen weniger sympathisch eingeschätzt.

neuer Umgebung
ft schon am ersten
Tag kennen?

Ein Jahr später wurden die Teilnehmer wieder befragt. Inzwischen hatte es genügend Zeit gegeben, um miteinander zu lernen, zu diskutieren, sich eventuell umzusetzen und kennenzulernen. Wieder zeigte sich: Diejenigen, die am ersten Tag nebeneinander oder in einer Reihe gesessen hatten, mochten sich immer noch am meisten – zum Teil waren gute Freundschaften entstanden. Dies war nicht so häufig der Fall bei Kommilitonen, die nicht am ersten Tag nebeneinander gesetzt worden waren.
Freundschaften scheinen also nicht nur von gemeinsamen Interessen abzuhängen – oft spielt der reine Zufall eine ebenso wichtige Rolle. Wir sprechen Menschen, die sich in unserer räumlichen Nähe befinden, einen Sympathiebonus zu. Und wer am ersten Tag feststellt, dass sein Sitznachbar ein netter Mensch ist, sucht nicht mehr so intensiv nach anderen Kontakten – so kann daraus eine Freundschaft fürs Leben entstehen.

# Warum sind beim Autofahren

Hupen, drängeln, schneiden, rechts überholen – aggressive Autofahrer erleben wir täglich. Eine jüngere Studie zeigt, dass aggressive Fahrer ihr Auto als eine Erweiterung ihres Selbst sehen. Das Auto und die Straße gehören zu ihrem Territorium – und dieses gilt es sowohl zu besetzen als auch gegen andere zu verteidigen. Wenn sie sich von anderen Fahrern in ihrem Territorium angegriffen sehen, fühlen sie sich bedroht, fürchten, die Kontrolle über ihr Gebiet zu verlieren, und das führt zu aggressivem Fahrverhalten. Damit verknüpft ist auch die Tatsache, dass Rüpelfahrer materialistischer sind – sie messen ihrem Besitz und damit auch dem Auto einen größeren Wert bei und sind entsprechend aggressiver, diesen zu verteidigen.
Immer wieder zeigt sich, dass vor allem junge Menschen zum aggressiven Fahren neigen. Psychologen führen dies auf ein falsches Überlegenheitsgefühl zurück. Junge Erwachsene unterschätzen die Gefahren im Straßenverkehr und fahren entsprechend riskanter. Auch Zeitdruck kann zu aggressivem Fahrverhalten beitragen.

# manche Menschen SO aggressiv?

Dass Machos aggressiver fahren, ist kein Klischee. Häufig beobachten wir junge Männer im tiefergelegten Sportwagen und mit aufgedrehter Anlage, die mit 80 km/h durch die Stadt rasen. Dies zeigte eine weitere Studie, in der Männer zu ihrem Fahrverhalten und zudem zu männlichen Stereotypen befragt wurden – zum Beispiel, inwieweit sie Fragen zustimmen würden, wie „Männer, die weinen, sind schwach" oder „Männer sind im Allgemeinen intelligenter als Frauen". Die Forscher fanden heraus: Aggressives Verhalten ist tief in diesen Stereotypen verwurzelt – und auf der Straße haben solche Super-Machos die Möglichkeit, ihre Männlichkeit auszuleben.
Wir empfinden unser Auto als ein Stück von uns selbst, auch das zeigen diese Ergebnisse. Und einige Menschen sehen darin eine Möglichkeit, ihre Persönlichkeit zu zeigen und auszuleben – manchmal leider auch mit einem hohen Risiko.

# Warum sollt zu Anfang nennen, die Preis

Weil der Kaufinteressent diese Zahl, auch wenn sie völlig unrealistisch ist, bei einer Verhandlung berücksichtigen wird und dann eventuell bereit ist, mehr für das Produkt zu zahlen. Psychologen bezeichnen dies als Ankereffekt – denn wir neigen dazu, für Entscheidungen bestimmte Orientierungen zu nutzen, selbst wenn diese völlig irrational sind. Dies zeigt ein Experiment eines US-amerikanischen Psychologen: Er versteigerte einige Gegenstände wie Bücher oder eine Computertastatur an Studierende. Zuvor bat er sie, die beiden letzten Ziffern ihrer Sozialversicherungsnummer niederzuschreiben. Die Auswertung ergab Verblüffendes: Studenten mit einer hohen Nummer zwischen 80 und 99 wollten mehr bezahlen als solche mit einer niedrigen Ziffernkombination zwischen 1 und 20. – Obwohl

in Verkäufer
gendeine hohe Zahl
ichts mit dem
zu tun hat?

die Sozialversicherungsnummer in keinerlei Zusammenhang zu den Preisen für die Flohmarktware stand und eigentlich keinen Einfluss darauf haben sollte, wie viel die Kaufinteressenten bereit sind zu zahlen.
Im Schnitt 56 Dollar waren die 20 Prozent der Studierenden am „hohen Ende“ der Ziffernkombination bereit für die Gegenstände auszugeben, die 20 Prozent mit niedrigen Zahlen hingegen nur 16 Dollar. Insgesamt bot die Gruppe mit der höchsten Ziffernkombination zwischen 216 und 346 Prozent mehr für die Stücke als die Gruppe mit der niedrigsten Sozialversicherungsnummer.
Dieser Versuch zeigt: Da der Ankereffekt auch unbewusst funktioniert, sollten wir immer versuchen, unsere Schätzurteile so gut wie möglich abzusichern.

# Bringt es etwas auf eine sportliche

Im Leistungssport ist es gang und gäbe, Abläufe wie das Annehmen und Zuspielen eines Balles immer wieder zu trainieren, um sie im späteren Wettkampf möglichst präzise ausüben zu können. Kann auch allein die gedankliche Vorstellung von Bewegungen die sportliche Leistung verbessern? Ja! Psychologische Untersuchungen zeigen, dass die Vorstellung einer sportlichen Aktivität – etwa einer akrobatischen Übung am Trampolin – anschließend tatsächlich zu einer besseren Leistung führt. Dabei hat die mentale Vorstellung, die möglichst viele Sinne, wie Sehen, Hören, Fühlen, Riechen, Schmecken einbindet, sowohl Einfluss auf die praktische Durchführung als auch auf psychische Faktoren wie Gefühle und Motivation.

Aus physiologischer Sicht entstehen bei der Vorstellung eines Bewegungsablaufs die gleichen Aktivitätsmuster im Gehirn wie bei der tatsächlichen Bewegung. Das wiederholte gedankliche Durchspielen führt dann dazu, dass sich ein

ich gedanklich Leistung vorzubereiten?

Bewegungsablauf immer stärker einprägt. Gleichzeitig kann die Vorstellung des eigenen Verhaltens in einer konkreten Wettkampfsituation dazu beitragen, Ängste zu vermindern, das Gefühl der Kompetenz zu erhöhen und die Motivation zu steigern – insbesondere dann, wenn man sich vorstellt, erfolgreich zu sein.

Mentale Vorstellung kann nicht nur für geübte Profisportler, sondern auch für Anfänger von Nutzen sein. Wichtig ist dabei aber, dass die mentalen Bilder den Fähigkeiten des jeweiligen Sportlers entsprechen.

Übrigens hat sich die Annahme, dass die mentale Vorstellung in Zeitlupe sich besonders positiv auswirkt, in neueren Studien als falsch erwiesen: Tatsächlich ist die Vorstellung einer Bewegungsablaufs in Echtzeit effektiver. Das liegt vermutlich daran, dass bei der Vorstellung in Zeitlupe andere Aktivitätsmuster im Gehirn entstehen als während der realen Aktivität – und dies kann später zu Fehlern führen.

# Sind soziale nur etwas für

Verallgemeinern kann man dies nicht. Aber für Narzissten bieten sie eine ideale Plattform, um sich selbst in den Vordergrund zu stellen. In einer Studie werteten Forscher die Facebook-Profile von Studenten aus. Dann ließen sie die gleichen Studenten einen Fragebogen ausfüllen, der Narzissmus misst. Es zeigte sich: Narzissten sammelten mehr „Freunde", kommunizierten häufiger auf Pinnwänden und teilten eher Inhalte, die sie selbst in den Vordergrund stellen. Narzisstische Personen bevorzugen zudem attraktivere Profilfotos. Interessanterweise waren andere Studenten, die dieselben Facebook-Profile ebenfalls beurteilen sollten, auch in der Lage, die Narzissten zu erkennen. Soziale Netzwerke spiegeln so wider, was Narzissten auch im normalen Leben bevorzugen, zum Beispiel viele oberflächliche Beziehungen.

Dass sich unsere Beziehungsmuster im Alltag in sozialen Online-Netzwerken zeigen, haben Psychologen auch in einer anderen Untersuchung herausgefunden, die die

soziale Interaktion von Jugendlichen im normalen und im virtuellen Leben miteinander verglich. Dabei zeigte sich, dass Jugendliche, die Freundschaft und Beziehungen als etwas Positives erfahren, dies auch in sozialen Netzwerken erleben – nicht nur durch die Anzahl der Freunde, sondern vor allem auch durch deren Kommentare, die eher unterstützenden Charakter haben.
Doch nicht nur junge Menschen nutzen soziale Netzwerke – auch mehr und mehr Erwachsene sind im Netz mit einem Profil vertreten. Und allen Party-Fotos des Nachwuchses zum Trotz: Ältere Nutzer sind bei der Preisgabe von Informationen über sich nicht vorsichtiger, fanden kanadische Forscher heraus. Jugendliche enthüllen zwar insgesamt mehr Persönliches, aber das liegt eher daran, dass sie mehr Zeit im Netz verbringen. Tatsächlich sind sich Erwachsene sogar weniger darüber bewusst, welche Konsequenzen das Teilen von persönlichen Informationen haben kann, als Jugendliche.

# Warum kaufe Möbelhaus wir im Supermark

Das liegt am sogenannten Kontrasteffekt. Im Vergleich zu den Möbeln hat der Kleinartikel nur einen geringen Preis – dieser erscheint uns aufgrund des Kontrastes zu den anderen Preisen nun als geringer als er in Wirklichkeit ist. Stünde der Artikel in einem Supermarkt inmitten normalpreisiger Artikel, würden wir ihn realistischer, nämlich als teuer einschätzen und nicht kaufen.

Die Wirtschaftspsychologie macht sich diesen Effekt gezielt zunutze: Verkauft beispielsweise ein Autohändler ein Auto, wird er die Extras – Navigation, CD-Spieler usw. – lieber separat aufführen. Die Preise für die Extras, die tatsächlich ziemlich hoch sein können, erscheinen im Vergleich zum Preis des Autos so gering, dass man sich leicht dazu verleiten lässt, die Extras mitzubestellen. Die Preise der Extras werden auch bewusst einzeln genannt, damit der Kontrast zum Autopreis möglichst groß ist.

wir in einem Deko-Artikel, die zu teuer fänden?

Der Kontrasteffekt gilt ebenso im zwischenmenschlichen Bereich. Eine durchschnittlich attraktive Person werden wir für attraktiver halten, wenn sie sich unter sehr unattraktiven Menschen bewegt. Und ein Professor, der mündliche Prüfungen abnimmt, sollte sich des Kontrasteffektes ebenso bewusst sein: Hat ein Prüfling eine hervorragende Leistung gezeigt, so läuft der Prüfer aufgrund des Kontrasteffektes Gefahr, den nächsten Kandidaten, der eine nicht ganz so herausragende Leistung erbringt, schlechter zu beurteilen, als er tatsächlich ist.
Wahrnehmungsphysiologisch liegt der Kontrasteffekt vor, wenn wir z. B. aus der Kälte in einen mäßig warmen Raum kommen. Dann erscheint uns dieser wärmer als sonst. Ebenso die Wahrnehmung von Lautstärken: Verlassen wir die laute Diskothek, kommt uns der normale Straßenverkehr ganz leise vor.

# Hat Werbung wirklich

In den 1950er-Jahren behaupteten Forscher, dass sie Kinobesucher durch die kurze, nicht bewusst wahrnehmbare Einblendung von Werbebotschaften in ihrem Kaufverhalten beeinflussen könnten. So hätten sie während eines Kinofilms die Aufforderungen „Iss Popcorn" oder „Trink Cola" eingeblendet. Anschließend sei der Verkauf von Cola und Popcorn um bis zu 58 Prozent gestiegen. Allerdings stellte sich die Studie einige Zeit später als Fälschung heraus.
In weiteren Untersuchungen mit sehr kurz präsentierten Reizen ließ sich kein eindeutiger Effekt nachweisen. Daher war lange Zeit umstritten, ob sogenannte unterschwellige – als nicht bewusst erkennbare – Werbung tatsächlich eine Wirkung hat.
Aktuelle Studien zeigen nun, dass kurzzeitig eingeblendete Botschaften unser Verhalten durchaus beeinflussen können: In einem Experiment wurde für Sekundenbruchteile der Name einer bestimmten Getränkemarke eingeblendet. Anschließend tranken die Versuchsteilnehmer tatsächlich

# nterschwellige einen Einfluss?

mehr von diesem Produkt als von Getränken anderer Marken – allerdings nur, wenn sie gerade durstig waren. In einer anderen Untersuchung wurde unterschwellig der Name einer Traubenzuckermarke eingeblendet. In diesem Fall nahmen die Teilnehmer mehr Traubenzucker zu sich – jedoch nur, wenn sie in diesem Moment müde waren. Gleichzeitig konnten Forscher erstmals nachweisen, dass unterschwellige Reize zu Veränderungen im Gehirn führen – obwohl die Personen die Reize nicht bewusst gesehen hatten. Dabei lösten die Reize eine Aktivität in der primären Sehrinde aus, die Informationen von der Netzhaut des Auges erhält.

Die Ergebnisse zeigen also, dass unterschwellige Reize sehr wohl vom Gehirn verarbeitet werden und dass sie tatsächlich unser Verhalten beeinflussen können – allerdings offenbar nur dann, wenn die Botschaft mit der Motivation des Betrachters übereinstimmt.

# Wann finden wir ein Gemälde schön?

Entscheidend ist die Leichtigkeit, mit der wir die Informationen verarbeiten können, die sogenannte Verarbeitungsflüssigkeit. Hat ein Bild Merkmale, die man mental leicht verarbeiten kann, wird es als ästhetischer beurteilt. Als solche Merkmale haben sich symmetrische Formen und ein deutlicher Kontrast zwischen Figur und Hintergrund erwiesen. Auch Objekte, die ein typisches Aussehen haben, werden meist als schöner empfunden als in Form und Farbe sehr ungewöhnliche Objekte. Was wir individuell als schön empfinden, hängt auch von Lernfaktoren ab, die die Verarbeitungsflüssigkeit beeinflussen.

# Warum tut es so weh, verlassen zu werden?

Weil es sich dabei um einen seelischen Schmerz handelt, der wie körperlicher Schmerz wirkt. Im Versuch konnte bei Personen, die von ihrem Partner verlassen wurden und die nun ein Bild von ihm betrachteten, eine Aktivierung des sekundären somatosensorischen Kortex festgestellt werden. Dieses Areal im Gehirn empfängt auch Schmerzsignale, wie sie z. B. bei einer Verbrennung der Haut weitergeleitet werden. Zwischenmenschliche Ablehnung hat also nicht nur eine emotionale, sondern auch eine objektiv messbare körperliche Wirkung.

# Wiesc
# Vorsätze so

Im Grunde wissen die meisten, was sie tun müssten, um gesund zu leben: Zum Beispiel regelmäßig in Bewegung sein, ausreichend Obst und Gemüse essen und auf Rauchen verzichten. Aber wenn wieder einmal ein guter Vorsatz gefasst wird, fällt den meisten von uns die Umsetzung schwer. Ein Grund dafür ist, dass Vorsätze oft sehr allgemein formuliert sind – zum Beispiel: „Ab morgen treibe ich mehr Sport". Nach dem Korrespondenzprinzip ist es bei einer solch allgemeinen Einstellung unwahrscheinlich, dass sie in konkrete Verhaltensweisen umgesetzt wird. Hier ist zum Beispiel unklar, wo, wann und wie die angestrebte Handlung durchgeführt werden soll. Sind die beabsichtigten Handlungen dagegen spezifisch formuliert – zum Beispiel: „Ab morgen gehe ich zwei Mal in der Woche von 18 bis 19 Uhr zum Fitnesstraining" – steigt die Wahrscheinlichkeit, sie auch umzusetzen, deutlich an.
Häufig scheitern gute Vorsätze auch daran, dass ein Hindernis eintritt, das man vorher nicht bedacht hat. Was

ind gute
ft sinnlos?

mache ich zum Beispiel, wenn das Fitnesstraining ausfällt oder wenn ich nach der Arbeit einfach hundemüde bin? Ein Ausweg ist hier, sich mögliche Alternativen schon vorher zu überlegen, um im Fall eines Falles schnell etwas Vergleichbares tun zu können.
Viele Menschen werfen ihre Vorsätze auch wieder über Bord, weil sie einfach zu viel auf einmal wollen. Hierbei spielt die Selbstwirksamkeit eine Rolle: Je mehr jemand das Gefühl hat, dass er eine Verhaltensänderung in die Tat umsetzen kann, desto eher wird er das Verhalten auch tatsächlich ausüben. Es nützt also nichts, sich gleich einen anspruchsvollen Kurs und einen wöchentlichen Stammtisch vorzunehmen, um seine Französischkenntnisse wieder zu aktivieren, wenn man nach zwei Wochen überfordert aufgeben muss. Stattdessen ist es sinnvoller, sich ein gut erreichbares Ziel zu setzen – und dann das Gefühl zu haben „Ja, ich schaffe das."

# Sie nehmen an<br>Dann sollten Sie

Generell schadet es natürlich nicht, über ein möglichst großes Wissen zu verfügen, wenn wir als Kandidat in einer Quizshow auftreten. Zu viele Kenntnisse zu einem Thema können sich aber auch ungünstig auswirken:
Wenn wir eine Entscheidung treffen müssen, die wir nicht auf logisches Wissen zurückführen können, greifen wir oft auf Faustregeln zurück. Diese Entscheidungsstrategien nennen Kognitionspsychologen Heuristiken. Die sogenannte Rekognitionsheuristik beruht auf dem Prinzip des Wiedererkennens – in Quizshows gibt es häufig die Situation, dass der Kandidat eine Antwort wiedererkennt, weil er sie „irgendwo schon einmal gehört" hat. Eine Studie hat gezeigt: Vorwissen kann in einem solchen Fall sogar hinderlich sein. So sollten US-amerikanische Studenten angeben, welche Stadt größer sei, San Diego oder San Antonio. Von ihnen entschieden sich nur 62 Prozent für die richtige Antwort San Diego. Deutsche Studenten zeigten sich hier wesentlich treffsicherer: Sie ga-

einem **Quiz** teil?
nicht zu viel wissen!

ben zu 100 Prozent an, dass San Diego die größere Stadt sei. Die Forscher erklärten sich diesen bemerkenswerten Unterschied damit, dass die amerikanischen Versuchspersonen über mehr Informationen über beide Städte verfügten und diese gegeneinander abwogen. Die Deutschen entschieden sich hingegen ganz einfach für die Stadt, von der sie schon einmal gehört hatten – San Diego.
Weitere Studien zeigen, dass sich Rekognitionsheuristiken sogar beim Aktienkauf bewähren können. Dabei wurden Passanten auf der Straße gefragt, welche Aktien sie kaufen würden. Die meisten Menschen wählten dafür Unternehmen aus, von denen sie schon einmal gehört hatten. Die Forscher verglichen dieses von Laien erstellte Paket mit solchen, die von Finanzexperten zusammengestellt worden waren. Das erstaunliche Ergebnis: Das Laienportfolio erzielte ein besseres Ergebnis als 88 Prozent der nach analytischen Kriterien ausgewählten Expertenpakete.

# Tja, so sind wir alleine fleißig

Der französische Forscher Maximilian Ringelmann führte im 19. Jahrhundert Untersuchungen durch, bei denen er Personen zum einen allein und zum anderen in einer Gruppe an einem Seil ziehen ließ. Im Ergebnis war die Zugleistung der Gruppe niedriger als die Summe der Leistungen der einzelnen Personen. Der Einzelne zeigte also in der Gruppe eine geringere Leistung als wenn er die Handlung allein ausführte!

Auch neuere Untersuchungen zeigen: In einer Gruppe strengen wir uns weniger an, und zwar umso weniger, je größer die Gruppe ist. Woran liegt das? Ein wichtiger Grund ist, dass unsere Motivation sinkt, da in der Teamarbeit unser eigener Beitrag an der Leistung nicht erkennbar ist und also nicht lohnend erscheint. Außerdem fühlen wir uns weniger verantwortlich, wenn sich die Verantwortung auf mehrere Einzelne verteilt.

Der auch treffend als Soziales Faulenzen (social loafing)

# der Gruppe faul!

bezeichnete Ringelmann-Effekt hängt allerdings vom Geschlecht und von der Kultur ab. Frauen neigen weniger zur Sozialen Faulheit. Ebenso arbeiten sogenannte kollektivistische Kulturen besser in Gruppen als allein; das sind Kulturen wie die japanische Gesellschaft, die familien- und gruppenorientiert ist und die kollektive Leistung höher bewertet als die des Einzelnen.

Menschen aus individualistischen Kulturen, wie wir Deutschen, handeln mehr als Einzelne und verstehen sich vergleichsweise wenig als Gruppe. Was ist also in Organisationen der westlichen Welt zu tun, wenn sich Teamarbeit, die schließlich auch viele positive Effekte mit sich bringt, nicht negativ auswirken soll? Die Aufgaben müssen so beschaffen sein, dass die Beiträge der einzelnen Mitarbeiter sichtbar sind. Außerdem sollte bei jedem Beteiligten eine prüfbare Verantwortung liegen. So wird aus jedem Gruppenfaulenzer ein engagiertes Arbeitstierchen!

# Somatentuppe
# Bartzitter

Ob Dankteckel, Bederfett oder Paulfelz: Ab und an kommen die Wörter einfach nicht so aus unserem Mund, wie sie sollen. Die Versprecher, bei denen wir die Anfangsbuchstaben beziehungsweise Phoneme vertauschen und die dann trotzdem richtig klingen – zumindest weiß unser Gegenüber meist, was wir meinen –, nennt man Spoonerismen.
Benannt nach dem britischen Geistlichen W. A. Spooner, der sich sehr oft in dieser Weise versprochen haben soll, lassen diese Sprechfehler einen Einblick in die Prozesse zu, die bei uns während der Sprachproduktion ablaufen. Sie zeigen, dass wir Sprache planen: Wir müssen die Laute, die die Wörter bilden sollen, richtig einsetzen. Dazu ist Vorausplanung auf verschiedenen Ebenen notwendig. Durch die Schnelligkeit der Sprachproduktion können dann Fehler auftreten.
Das Interessante daran ist: Spoonerismen halten sich an Regeln und Struktur der jeweiligen Sprache des Sprechers. Deswegen gehen Forscher davon aus, dass beim Sprechen kognitive Prozesse dafür sorgen, mögliche Fehler aufzuspü-

der **lieber** Schokolade?

ren und zu korrigieren. Im Deutschen bedeutet dies: Wir würden vielleicht „saugram“ statt „grausam“ sagen. Das Wort „sraugam“ käme uns hingegen nicht über die Lippen, da das „sr“ als Silbenanfang phonologische Regeln in der deutschen Sprache verletzt.

Studien, in denen Spoonerismen künstlich erzeugt werden, haben zudem ergeben, dass diese Sprechfehler häufiger auftreten, wenn sie wieder zu existierenden Wörtern führen: Wir neigen eher dazu, einen Spoonerismus wie „Schock Raum“ für die Ausgangswörter „Rock Schaum“ zu bilden, als vergleichsweise „Rilf Schost“ für „Schilf Rost“, da das Wort „Rilf“ im Deutschen nicht existiert.

Auch das Unbewusste spielt beim Sprechen eine Rolle: In Anwesenheit einer attraktiven Versuchsleiterin sollten die Probanden Fantasiewörter wie u. a. „lood gegs“ sagen – irrtümlicherweise kam von ihnen dann auch schon einmal ein „good legs“.

# Wieso sind besetzte manchmal sc

Manchmal erleben wir im Fußball kuriose Situationen: Da spielt eine Mannschaft, die in der letzten Saison nur knapp den Abstieg vermieden hat, um die Deutsche Meisterschaft mit. Und ein anderes Team, das vor der Saison viele international erfolgreiche Spieler eingekauft hat, steht nur auf Platz sechs – und Fußball-Experten monieren, das Team sei noch nicht „eingespielt".

Dahinter steckt ein Effekt, der in der Sozialpsychologie als Gruppenkohäsion bekannt ist. Durch eine Analyse mehrerer Untersuchungen zur Gruppenkohäsion im Sport konnten kanadische Forscher nachweisen, dass Mannschaften mit einem guten Zusammenhalt auch bessere Leistungen erzielen. Dies trifft sowohl bei Mannschaftsportarten als auch bei Einzelsportarten zu, bei denen in einer Gruppe trainiert wird. Die Gruppenkohäsion ist jedoch keine Einbahnstraße: So kann sich der Mannschaftszusammenhalt positiv auf die

durchschnittlich
Fußballteams
erfolgreich?

Leistungen auswirken, andererseits bewirken Erfolge auch wieder ein besseres Zusammengehörigkeitsgefühl. Gruppenkohäsion ist ein dynamischer Prozess, der sich innerhalb der Gruppe verändern und entwickeln kann. Wichtig für einen guten Zusammenhalt in der Mannschaft ist zunächst die Mannschaftsattraktivität. Diese kann abhängig von den Zielen sein, die Spieler und Mannschaft verfolgen, aber auch von dem eigenen Wunsch, Teil dieser Mannschaft zu sein – zum Beispiel, weil man die Mitspieler bewundert. Zudem beruht Gruppenkohäsion auf der guten Integration neuer Spieler in die Mannschaft. Dazu tragen zum einen Freundschaften und soziale Kontakte unter den Teammitgliedern außerhalb des Spielfeldes bei, zum anderen aber auch das Einschwören der einzelnen Spieler auf das gemeinsame Ziel. Sepp Herbergers „Elf Freunde müsst ihr sein“ ist also durchaus ernst zu nehmen.

# Wovon ob eine

Zwischen 30 und 40 Prozent der Ehen in Deutschland werden wieder geschieden. Wissenschaftler haben eine ganze Reihe von Faktoren gefunden, die sich auf die Dauer einer Ehe auswirken. Dabei spielen zunächst äußere Faktoren eine Rolle: Die Ehe hält beispielsweise im Durchschnitt länger, wenn beide Partner bei der Hochzeit schon etwas älter sind, wenn sie irgendeiner Religion angehören, wenn sie nicht in einer Großstadt leben oder wenn sie gemeinsame Kinder haben. Aus psychologischer Sicht ist vor allem der Kommunikationsstil der Ehepartner ein wichtiger Faktor für die Qualität und die Dauer einer Ehe. Das leuchtet ein: Wenn einer oder beide Partner destruktive Kritik aneinander üben, sich gegenseitig provozieren, abwertend über den anderen reden oder sich bei einem Streit zurückziehen, erhöht sich die Wahrscheinlichkeit für eine Scheidung beträchtlich. Dagegen wirken sich eine wohlwollende Haltung beider Partner, aktives Zuhören und das Ansprechen eigener Gefühle und

# hängt es ab, Ehe hält?

Bedürfnisse während eines Konflikts günstig auf die Partnerschaftsqualität aus. Weiterhin muss das Verhältnis von Lob und Kritik für den Ehepartner stimmen: So haben Untersuchungen ergeben, dass eine Ehe besonders stabil ist, wenn auf eine kritische Äußerung mindestens fünf Komplimente folgen.

Neben dem Kommunikationsstil entdeckten Forscher drei weitere Faktoren, die sich günstig auf die Dauer einer Partnerschaft auswirken. So hält eine Ehe länger, wenn die Partner einander in verschiedenen Bereichen ähnlich sind und wichtige Wertvorstellungen und Wünsche teilen. Auch der Glaube, dass die Ehe halten wird, wirkt sich günstig auf die tatsächliche Ehedauer aus. Letztlich ist es wichtig, dass beide Partner gut mit Alltagsstress umgehen können. Dazu gehört zum Beispiel, sich gegenseitig beruhigen zu können, optimistisch an die Situation heranzugehen und Probleme konstruktiv zu lösen.

# Handeln wir uns

Im Alltag erscheint es uns logisch, dass wir zuerst beschließen, etwas zu tun, und es dann tatsächlich tun. US-amerikanische Untersuchungen legen jedoch nahe, dass eine Handlung schon in Gang gesetzt werden kann, bevor uns die Absicht dazu bewusst wird: Die Teilnehmer eines Experiments sollten zu einem beliebigen Zeitpunkt ihre Hand bewegen. Gleichzeitig sollten sie sich mit einer Uhr den Zeitpunkt merken, zu dem sie den Wunsch oder den Drang zu dieser Bewegung verspürt hatten. Während des Versuchs wurde eine bestimmte Aktivität des Gehirns, das so genannte Bereitschaftspotenzial, gemessen. Dieses zeigt an, dass sich das Gehirn auf eine Bewegung – in diesem Fall die Bewegung der Hand – vorbereitet. Dabei machten die Forscher eine überraschende Entdeckung: Die Absicht, die Hand zu bewegen, trat bis zu eine Sekunde später auf als das Bereitschaftspotenzial im Gehirn. Dies deutet darauf hin, dass die Entscheidung, die Hand zu bewegen, unabhängig

wir, bevor entscheiden?

vom Willen der Teilnehmer durch andere Bereiche des Gehirns getroffen wurde. Ist also nicht unser freier Wille, sondern sind unbewusste Prozesse für unser Handeln verantwortlich? Etwas unheimlich klingt das schon. Auch bei allen Tätigkeiten, die wir im Alltag ausüben, lässt sich eine vorbereitende Aktivierung im Gehirn beobachten – also auch bei solchen, die wir routinemäßig und mehr oder weniger unbewusst durchführen, zum Beispiel das Greifen nach einem Stift oder das Bremsen beim Autofahren. Einer echten Willensentscheidung – zum Beispiel der Entscheidung für eine neue Wohnung – geht dagegen eine bewusste Planungs- und Entscheidungsphase voraus, die deutlich länger dauert als das Bereitschaftspotential im Gehirn.
Was genau im Gehirn passiert, wenn wir eine Entscheidung treffen, ist bisher noch nicht vollständig bekannt. Es lässt sich nur so viel sagen: Unseren Handlungen gehen Gehirnprozesse voran, die uns häufig nicht vollständig bewusst sind.

# Gibt e
# zwischen
# E-Mail-Schreiber

In der Psychologie wurde untersucht, ob es Persönlichkeitsmerkmale gibt, die über die Wahl des Kommunikationsmediums bestimmen. Wer zieht den direkten, d. h. zeitlich nicht versetzten Kontakt vor wie beim Vis-à-vis-Gespräch oder Telefonat, und wer die asynchrone Kommunikation wie bei der E-Mail? Es sind die sozial ängstlichen Personen, die, besonders in Konfliktsituationen, lieber eine E-Mail schreiben. Ängstliche scheuen den direkten Kontakt von Angesicht zu Angesicht oder am Telefon, weil sie dann ihre Unsicherheit nicht so gut verbergen können: Das Gegenüber könnte z. B. die zittrige Stimme am Telefon hören. Bei der E-Mail-Kommunikation werden sie zum einen nicht gesehen oder gehört, zum anderen können sie sich Zeit nehmen für ihre Wortwahl. Sie haben also mehr Kontrolle über die Interaktion. Extravertierte, also gesellige Personen mit einer höheren sozialen Kompetenz, brauchen hingegen diese

# ersönlichkeitsunterschiede

# nd Telefonierern?

Kontrolle nicht. Sie ziehen das direkte Gespräch vor, um Missverständnisse rasch aus der Welt zu schaffen. E-Mail-Schreiber sollten sich nun aber nicht als zu ängstlich abgestempelt fühlen: Wir haben etliche Gründe, warum wir die E-Mail vorziehen. Beim Schriftlichen gehen Informationen – eben schwarz auf weiß – verlässlicher hin und her und lassen sich prüfen; das ist besonders im Beruf wichtig. Ein weiterer Vorteil der E-Mail: Wir können uns um die Informationsübermittlung kümmern, wenn wir gerade Zeit dazu haben. Welche Kommunikationsart wir wählen, hängt auch ein bisschen vom Gegenüber ab: Wenn derjenige nicht so genau auf besprochene Details achtet, schicken wir sie ihm lieber schriftlich. Es gibt aber auch Personen, die Geschriebenes nicht besonders sorgfältig lesen, dann greifen wir wiederum lieber zum Hörer, damit wir wissen, dass die Informationen sie erreicht haben.

# Warum investieren Geld in etwas eine Neuanschaffung

Es ist ein typisches Phänomen im Beruf und auch im Privatleben: Viele Menschen stecken immer wieder Geld in die Reparatur ihres alten Autos oder eines alten Haushaltsgeräts – bis irgendwann die Kosten für die Reparaturen höher sind als der Preis für eine Neuanschaffung. Auch Firmen investieren häufig viel Zeit und Arbeit, um die Fehler in einem bestehenden System zu beheben – obwohl eine neu entwickelte Alternative effizienter und vielleicht auch kostengünstiger wäre.
Der Grund hierfür ist der sogenannte Effekt der versunkenen Kosten: Menschen orientieren sich bei zukünftigen Entscheidungen oft an den in der Vergangenheit erbrachten Zeit- und Arbeitsaufwänden. Die unbewusste Regel dahinter lautet: Die früher getätigte Investition muss sich auf jeden Fall lohnen. Tatsächlich führt dies jedoch oft zur Entscheidung für eine objektiv schlechtere Alternative.

wir Zeit und

Vorhandenes, obwohl

günstiger wäre?

Ein ähnlicher Effekt lässt sich bei Börsenanlegern beobachten: Sie machen eine Verkaufsentscheidung häufig davon abhängig, zu welchem Kurs sie die Aktie früher gekauft haben. Tatsächlich ist für die Bewertung der Aktie aber vor allem ihre zukünftige Entwicklung von Bedeutung.
Auch Verkäufer nutzen den Effekt der versunkenen Kosten häufig geschickt aus: Sie fragen ihre Kunden nach bisher gekauften Produkten und verleiten sie dann dazu, weiteres Geld in Zubehör oder Ersatzteile zu investieren.
Allerdings lässt sich die Fähigkeit, Entscheidungen rationaler zu treffen, bis zu einem gewissen Grad trainieren: In einer Studie sollten sich Bankkaufleute mit Erfahrung im Aktienhandel entscheiden, ob sie eine bisherige Aktie halten oder eine andere Aktie mit einer wesentlich günstigeren Prognose kaufen wollten. Die professionellen Entscheider fielen dem Effekt der versunkenen Kosten deutlich seltener zum Opfer als in Entscheidungen ungeübte Laien.

# Wieso lassen und Angst

Wenn jemand über das ganze Gesicht strahlt, ist das ein eindeutiges Signal für seinen Gefühlszustand: Er freut sich. Doch ist der Gesichtsausdruck auch bei anderen Gefühlen so eindeutig, dass er von den meisten Menschen einer bestimmten Emotion zugeordnet werden kann?
Untersuchungen aus den 1970er-Jahren haben gezeigt, dass einige Gefühle tatsächlich immer von einer typischen Mimik begleitet sind, die – so die Annahme – von den meisten Menschen auch über die Kulturen hinweg eindeutig erkannt werden können. Zu diesen Basisemotionen gehören Freude, Überraschung, Wut, Ekel, Angst und Traurigkeit. Wissenschaftler gehen daher davon aus, dass diese Mimik eine biologische Basis hat – ebenso wie die Gefühle selbst. Neue Studien zeigen nun jedoch, dass es beim Erkennen von mimischen Ausdrücken überraschende kulturelle Unterschiede gibt: Menschen aus dem asiatischen Raum achten vor allem auf die Augenregion, während Menschen

sich Überraschung verwechseln?

aus westlichen Kulturen Augen und Mundpartie im Blick haben. Dies führt dazu, dass Asiaten durchaus einige Gefühle miteinander verwechseln können, wenn sie Fotos von emotionalen Gesichtern betrachten, die aus dem westlichen Kulturkreis stammen. Versuchsteilnehmer aus Japan und China hielten den Gesichtsausdruck für Angst häufig für Überraschung, zudem verwechselten sie Ekel oft mit Wut. Und zwar, weil Sie vor allem auf die Augenpartie geschaut hatten, die aber bei Angst und Überraschung, genauso wie bei Ekel und Wut sehr ähnlich aussieht. Menschen aus dem asiatischen Lebensraum scheinen auch ihre eigenen Gefühle stärker durch die Augenregion, besonders die Augenbewegungen, auszudrücken. Im Gespräch mit asiatischen Menschen sollte man also besonders auf die Augenregion achten und selbst versuchen, viel über die Augen zu kommunizieren.

# Machen Kinder

Nicht unbedingt. Der Traum von einer glücklichen Familie mit zwei Kindern scheint zwar eine Art Idealvorstellung zu sein. Dennoch machen Kinder zunächst einmal nicht glücklich, im Gegenteil: Frischgebackene Eltern sind nicht so glücklich wie Kinderlose und werden mit jedem weiteren Kind immer unglücklicher. Das zeigt eine internationale Untersuchung in 86 Ländern mit mehr als 200.000 Befragten. Doch das bleibt zum Glück nicht so: Tatsächlich hängt es vom Alter ab, wie glücklich uns Kinder machen – sowohl von unserem als auch von dem der Kinder. So zeigte die Untersuchung, dass vor allem junge Eltern unter 30 Jahren unglücklicher sind, wenn sie Kinder haben. Ab einem Lebensalter von 40 Jahren hingegen steigt die elterliche Glückskurve immer weiter nach oben – und übertrifft schließlich die von denjenigen, die keine Kinder haben. Dieser Zusammenhang zeigte sich unabhängig von Geschlecht, Gesundheitszustand, bestehender Partnerschaft und Wohlfahrtssystem.

glücklich?

Die Erklärung für das niedrige Glücksniveau bei jungen Eltern sehen Forscher in den besonders starken Belastungen, solange die Kinder noch klein sind: Junge Eltern sorgen sich stärker, schlafen zu wenig und haben finanzielle Einbußen. Mit steigendem Alter werden Kinder hingegen immer selbstständiger und unabhängiger – bis sie schließlich von zu Hause ausziehen. Dann scheint die glücklichste Zeit der Elternschaft anzubrechen: Die Kinder sorgen für sich selbst – und wir uns weniger. Auch die Erfahrung, Großeltern zu sein, macht glücklich. Je älter wir werden, umso mehr werden unsere Kinder eine Ressource, zum Beispiel, indem sie uns emotional oder durch Pflegeleistungen unterstützen. Wer also wieder über durchwachten Nächten, Kinderkrankheiten oder zu wenig Zeit für sich selbst verzweifelt, sollte daran denken: Kinder sind eine Langzeitinvestition ins Glück.

# Musik löst be
# die gleichen

Das glauben Sie nicht? Stimmt aber. Wir können verschiedene Vorlieben für Musikrichtungen haben, das ändert jedoch nichts daran, dass bestimmte Musik – über Kulturen und persönliche Erfahrungen hinweg – die gleichen Emotionen hervorruft.
Studien haben gezeigt, dass bei der Musik Tongeschlecht und Tempo bestimmend sind für Gefühlszustände. So löst Moll in langsamem Tempo in uns Trauer aus (z. B. das Adagio der Sinfonie Nr. 15 von Schostakowitsch), Moll in schnellem Tempo Ärger oder Furcht (z. B. „Tod und Verklärung“ von Richard Strauß). Ein schnelles Dur macht uns fröhlich (z. B. die „Italienische Sinfonie“ von Mendelssohn Bartholdy) und ein langsames Dur beruhigt uns und sorgt für Ausgeglichenheit (z. B. das Violinkonzert von Brahms).
Dass Musikemotionen universell sind, zeigen Studien mit Völkern, die keine Verbindung zur westlichen Welt haben, auch z. B. kein Radio besitzen: Befragt nach den

allen Menschen Gefühle aus!

Grundgefühlen wie Trauer oder Freude, ordnen auch diese Menschen Melodien ein wie wir, z. B. wird ein schnelles Tempo Freude zugeschrieben.
Melodien wirken nicht nur subjektiv, sie haben auch einen körperlich messbaren Einfluss. So steigert ein dramatisches Dur den Blutdruck, die Atmung und die Verdauungsmobilität, und die Pupillen weiten sich, ein lyrisches Moll bewirkt das Gegenteil.
Diese Körperreaktionen finden rasch, ohne bewusste Verarbeitung statt. Das ist nicht verwunderlich, ist doch unser Gehör unser Frühwarnsystem: Stets wach, informiert es uns über herannahende drohende Gefahr. Untersuchungen zeigen entsprechend, dass Musik diejenigen Bereiche des Gehirns aktiviert, in denen auch Emotionen verarbeitet werden. Musikinformationen gelangen direkt in die tieferen Schichten des Gehirns – bevor wir die Musik überhaupt bewusst wahrnehmen, werden unsere Gefühle schon angesprochen.

# Warum neigen wir dazu, auch bei verschiedenen Produkten einer Marke treu zu bleiben?

Ein positives Image einer Marke strahlt auf andere Produkte des Anbieters aus – und wir sind bereit, diese ebenfalls zu kaufen, weil wir gute Erfahrungen mit dem ersten Produkt gemacht haben. In der Produktpsychologie wird dieses Phänomen Umbrella-Effekt (Regenschirm-Effekt) genannt – er gehört zu den sogenannten Übertragungseffekten. Es gibt aber auch einen negativen Übertragungseffekt, den Kannibalismus-Effekt: Dieser entsteht, wenn das Unternehmen ein neues Produkt vermarktet, das so erfolgreich ist, dass ein bestehendes eigenes Produkt Käufer verliert.

# In welche Richtung küssen Sie?

Beobachtungen in Deutschland, den USA und der Türkei zeigen, dass Menschen lieber rechts herum küssen. Zwei Drittel der Paare neigen ihre Köpfe beim Kuss nach rechts, nur ein Drittel wendet den Kopf nach links.
Die Vorliebe, den Kopf auf eine bestimmte Seite zu legen, lässt sich schon bei neugeborenen Babys beobachten und scheint angeboren zu sein. Sie beeinflusst vermutlich, ob wir später Rechts- oder Linkshänder werden. Ebenso entwickeln die meisten Menschen auch eine Vorliebe für den rechten Fuß.

# Wir sind verliebt

Zumindest passiert etwas Ähnliches mit unserem Gehirn. Wir alle haben den besonderen Kick des Verliebens schon einmal erlebt – das liegt daran, dass unser Gehirn bestimmte Botenstoffe, die sogenannten Neurotransmitter, ausschüttet. Beim Verlieben ist das unter anderem der Neurotransmitter Phenylethylamin (PEA), der uns gemeinsam mit anderen Botenstoffen regelrecht überflutet: PEA ist biochemisch zum einen mit dem Adrenalin, zum anderen mit Aufputschmitteln aus der Amphetamin-Kokainreihe verwandt.

Die Folge: Unser Herz klopft wie verrückt, die Knie zittern, und wenn wir dem Traummenschen erst einmal näher gekommen sind, sind wir überaus glücklich, euphorisch, manchmal geradezu ekstatisch. Wir sehen den Partner als den perfekten Menschen, nehmen Schwächen nicht wahr, sondern haben eine arg ins Positive verzerrte Wahrnehmung. Und auch, wenn wir die Erfahrung machen müssen, dass diese Gefühle nicht über Jahre konservierbar

weil wir unter Drogen stehen.

sind – sinnvoll sind sie trotzdem, schaffen sie doch die Basis für eine langdauernde Liebesbeziehung.
Interessanterweise haben die Hormonspiegel von Verliebten auch Ähnlichkeit mit denen psychisch Kranker. So haben frisch Verliebte einen niedrigeren Serotoninspiegel als andere Menschen. Dies tritt auch bei Menschen auf, die unter Zwangsstörungen leiden – und könnte ein Hinweis darauf sein, warum wir, wenn wir verliebt sind, immer nur an unser Herzblatt denken können, uns geradezu krank vor Liebe fühlen.
Da mag vielleicht die Frage aufkommen, ob es nicht möglich wäre, so einen Rausch des Verliebtseins mit Hilfe der entsprechenden Stoffe künstlich zu erzeugen. Theoretisch wäre das vielleicht denkbar. Wirklich ausprobiert oder erforscht ist dies jedoch aus ethischen Gründen nicht – und ganz ehrlich: Verliebtsein ist zwar schön, aber wäre als Dauerzustand doch auch ganz schön anstrengend.

# Warum ...
## wenn uns jemand ...

Stellen Sie sich folgende Situation vor: Sie werden von Ihrem Chef vor versammelter Runde sehr ausführlich und überschwänglich gelobt: Viele von uns werden in einem solchen Moment erröten, den Blick senken, vielleicht sogar die eigene Leistung mit einem „nicht der Rede wert" schmälern wollen, kurz: Irgendwie können wir das Lob nur schlecht ertragen und schämen uns dafür – dabei sollte eine Anerkennung der Leistung ja eigentlich für Freude sorgen.
Besonders bei Kindern können wir dieses Verhalten manchmal beobachten. Wenn man sie dafür lobt, dass sie sehr gut singen können, kann es sein, dass sie sich im Nachhinein weigern, weiter vorzusingen.
Das Schamgefühl erfüllt in diesem Moment einen bestimmen Zweck: Wie eine Art Notbremse möchte es uns vor einer ungewollt starken Aufmerksamkeit schützen, die wir in einem solchen Moment zweifelsohne auf uns ziehen. Denn Scham dient ganz allgemein dazu, unsere Intimitätsgrenzen

# schämen wir uns, sehr lobt?

zu bewahren – deshalb entwickeln alle Kinder, auch wenn sie sehr freizügig aufwachsen, im Laufe ihrer Pubertät einen Sinn fürs Nacktsein und schämen sich.
Scham ist dabei eine derart unangenehme Emotion, dass wir sprichwörtlich am liebsten im Boden versinken würden. Tatsächlich ist etwas daran: Wenn uns ein Schamgefühl überkommt, neigen wir dazu, unruhig zu werden, schneiden Grimassen oder vollziehen Übersprunghandlungen und reiben uns durch das Gesicht oder die Haare, weil wir das Gefühl nur schlecht aushalten können. Das zeigte sich bei einem Versuch, bei dem Menschen sich eine beschämende Situation mit geschlossenen Augen vorstellen sollten: Viele schnitten Grimassen und rutschten unruhig auf ihrem Stuhl hin und her. Dennoch ist eine (gesund entwickelte) Scham sehr wichtig: Sie zeigt uns an, wann unsere Grenzen überschritten sind und wir uns abgrenzen sollten.

# Wer an… Schweinehun…

Wir alle wissen, Sport ist gesund, hält schlank und macht auch Spaß. Nichtsdestotrotz sind einige Menschen ausgesprochene Couchpotatos und nur sehr schwer dazu zu animieren, regelmäßig Sport zu treiben. „Ich halte das eh nicht durch“ oder „Ich komme nicht gegen meinen inneren Schweinehund an“ sind beliebte Begründungen dafür, warum man es erst gar nicht versucht.
Sportpsychologen haben tatsächlich herausgefunden, dass Menschen, die an den inneren Schweinehund glauben, es schwerer haben, ein Trainingsprogramm wirklich durchzuhalten. Manche fangen an, hören aber auch schnell wieder damit auf. – Ganz im Gegensatz zu anderen, die immer wieder zum Training gehen, auch wenn sie müde sind, oder dreimal die Woche ihre Joggingrunde laufen, selbst wenn es regnet. Wie kommt das?
Dahinter steckt die sogenannte Selbstwirksamkeitserwartung, ein bestimmtes Merkmal unserer Persönlichkeit:

den inneren
glaubt, erliegt ihm!

Damit bezeichnen Psychologen die Überzeugung einer Person, ein Verhalten auf der Grundlage vorhandener Ressourcen und Fähigkeiten ausführen zu können. Es geht also um unseren Glauben, bestimmte Situationen aus eigener Kraft meistern zu können. Besonders in Stresssituationen ist dies wichtig. Selbstwirksamkeit entwickelt sich durch eigene Erfahrungen, vor allem durch das Erleben von Erfolgen und Misserfolgen, aber auch dadurch, dass wir andere Menschen beobachten. Auch Bewertungen durch uns selbst und durch andere tragen zur Entstehung der Selbstwirksamkeit bei. Viele Studien zeigen: Selbstwirksame Menschen halten ein Sportprogramm wesentlich besser durch. Sie empfinden auch die Mühen und den Aufwand, die sie für das Training aufbringen müssen, als weniger hoch. Weniger selbstwirksame Menschen denken hingegen gar nicht erst daran, regelmäßig Sport zu treiben. Und schaffen es dann tatsächlich nicht.

# Warum sehen ... mit der Zeit

Manchmal macht man eine erstaunliche Entdeckung: Man betrachtet ein Ehepaar, das schon einige Jahre verheiratet ist, und stellt fest, dass die beiden sich ganz schön ähnlich sehen. Zufall ist das nicht, zeigt eine psychologische Studie. Dafür beurteilten Versuchspersonen die Ähnlichkeit von Paaren auf Fotos, die zum Zeitpunkt der Hochzeit aufgenommen worden waren, und 25 Jahre später, sowie die Wahrscheinlichkeit, ob das Paar verheiratet war – ohne zu wissen, wer zu wem gehörte.
Das Ergebnis: Bei den 25 Jahre nach der Hochzeit aufgenommenen Fotos konnten die Versuchspersonen überdurchschnittlich oft richtig beurteilen, ob ein Paar verheiratet war. Und sie erkannten auch häufiger eine Ähnlichkeit zwischen den verheirateten Partnern. Dies war bei den jungen Fotos nicht der Fall. So konnten die Forscher auch ausschließen, dass sich die Partner deshalb gefunden hatten, weil von vorneherein eine physische Ähnlichkeit bestand.
Die Forscher untersuchten verschiedene Hypothesen für

# ich Paare
# mmer ähnlicher?

dieses Ergebnis: Doch sowohl eine ähnliche Ernährung, die den Anteil des Körperfetts bestimmt, klimatische Bedingungen sowie die Annahme, dass sich alle alten Menschen ähnlich sehen, konnten sie ausschließen. Sie vermuteten vielmehr, dass Empathie die Ähnlichkeit in den Gesichtszügen verursachte: Wenn wir mit jemandem mitfühlen, sieht man dies auch an unserem Gesicht. Wir verziehen es zum Beispiel bei Trauer genauso und imitieren den Gesichtsausdruck des anderen.

Wenn man nun lange Zeit miteinander verbringt, viele verschiedene Erfahrungen teilt, können sich diese gemeinsam erlebten Emotionen in der Mimik, der Muskulatur, den Gesichtsfalten niederschlagen. Die Forscher konnten diese These damit bestärken, dass die Paare, die sich selbst als sehr ähnlich aussehend einschätzten, auch am glücklichsten waren. Wir leiden, lachen, fühlen also mit unserem Partner mit und er mit uns, und das hinterlässt in unserem Gesicht Spuren.

# Warum für uns kein

Um unser Wissen im Gehirn sinnvoll zu speichern, nutzen wir bestimmte Kategorien – das sind „mentale Schubladen“, in die wir Objekte, Personen oder Ereignisse nach bestimmten Ordnungsprinzipien wie Ähnlichkeit einordnen. Das ist ganz wichtig, um uns mit unserer Umwelt auseinanderzusetzen: Würden wir unser Wissen nicht kategorisieren, wäre jedes Merkmal, jedes Objekt und jedes Ereignis einzigartig. Immer, wenn wir etwas Neues erleben, wäre es also nicht möglich, die neue Situation mit vorhandenen Erfahrungen zu vergleichen und darauf angemessen zu reagieren.
Wenn wir nun das erste Mal mit einem Wal konfrontiert sind, sagt uns das Ähnlichkeitsprinzip: Er lebt im Wasser, kann schwimmen und hat Flossen – er gehört in die Kategorie Fisch. Erst, wenn wir etwas mehr über die Lebensweise von Walen erfahren, wird uns klar, dass diese

# st der Wal Säugetier?

Tiere eigentlich in die Kategorie Säugetiere gehören. Bei Säugetieren hingegen denken wir eher an Hunde oder Katzen, an Tiere, die an Land leben, vier Beine und ein Fell haben – und nicht gerade große Ähnlichkeit mit einem Wal. Weitere Beispiele für typische und untypische Vertreter einer Kategorie sind Apfel oder Quitte für Obst sowie Amsel oder Pinguin für Vogel. Die Kognitionspsychologie geht davon aus, dass wir typische Vertreter einer Kategorie in unserer Entwicklung früher erlernen und sie deshalb leichter einordnen können. „Typisch" bedeutet in diesem Zusammenhang, dass die Vertreter möglichst viele Merkmale gemeinsam haben und zudem mit Vertretern anderer Kategorien nur wenig Ähnlichkeit haben. Der Wal ist also ein ziemlich untypischer Vertreter der Kategorie Säugetier, der, um unsere Verwirrung komplett zu machen, auch noch Merkmale der Kategorie Fisch aufweist.

# Gut gelaunt auf de

Denn dann stehen die Chancen besser, wieder ganz gesund zu werden. Mehrere Untersuchungen zeigen, dass optimistische Menschen, die zuversichtlich in die eigene Zukunft blicken, länger leben und gesünder sind. Mit einer optimistischen Einstellung lassen sich sogar schwierige Eingriffe besser überstehen. Das zeigt eine Studie, in der Optimisten und Pessimisten während und nach einer Bypass-Operation beobachtet wurden.
So hatten die optimistischen Patienten bereits bessere Werte, während sie noch operiert wurden. Im weiteren Genesungsverlauf setzte sich dies fort. Eine Woche nach der Operation standen die Optimisten häufiger aus dem Bett auf und bewegten sich mehr. Sie erholten sich insgesamt besser und zeigten sich mit ihrem Zustand zufriedener. Sechs Monate nach der Operation besuchten die Forscher die ehemaligen Patienten noch einmal: Und immer noch waren die Optimisten im Vorteil. Häufiger als bei den Pessimisten war ihr Leben wieder weitgehend normal

# OP-Tisch!

geworden – sie konnten zum Beispiel wieder Vollzeit arbeiten gehen, trieben Sport oder gingen anderen Hobbys nach. Fünf Jahre nach der Bypass-Operation empfanden die optimistischen Patienten eine höhere Lebensqualität. Sie arbeiteten häufiger, waren insgesamt gesünder und klagten weniger über Schmerzen.
Psychologen nehmen an, dass optimistische Menschen über günstigere Bewältigungsstile verfügen, wenn es um ihre Gesundheit geht. Somit können sie auch mit schwierigen Situationen wie einer Herz-Operation besser und gesünder umgehen. Zum Beispiel planten die Optimisten schon vor ihrer Operation ihr Leben danach und nahmen sich Ziele für die Zeit der Genesung vor. Pessimisten waren weniger zielstrebig, sondern richteten ihrer Aufmerksamkeit eher auf ihre zum jeweiligen Zeitpunkt auftretenden Gefühle. Der Satz „Es wird schon werden" ist also mehr als eine hohle Phrase – wer daran glaubt, hilft sich selbst!

# Warum manchmal schneller langsamer Z

Manchmal haben wir den Eindruck, dass die Zeit verfliegt – dann wieder scheint sie überhaupt nicht vergehen zu wollen. Ein Grund dafür ist eine Wahrnehmungstäuschung, die man als Kappa-Effekt bezeichnet: Wir empfinden den gleichen Zeitabschnitt als länger, wenn wir Ereignisse betrachten, die räumlich weit auseinander liegen. Liegen die Ereignisse dagegen nah beieinander, empfinden wir auch die Zeit als kürzer. Dies kann man sich am Beispiel einer Autofahrt und eines Fluges vorstellen: Legt man in einer Stunde im Flugzeug eine relativ große Strecke zurück, empfindet man auch die Zeit als relativ lang. Fährt man in der gleichen Zeit eine kürzere Strecke mit dem Auto, empfindet man die vergangene Zeit als kürzer.

Viele Menschen haben auch den Eindruck, dass die Zeit mit zunehmendem Alter immer schneller vergeht. So wurden junge Menschen zwischen 19 und 24 Jahren und ältere Menschen zwischen 60 und 80 Jahren gebeten, einen Zeitab-

cheint die Zeit
und manchmal
vergehen?

schnitt von drei Minuten zu schätzen. Die jüngere Gruppe lag mit ihrer Schätzung im Durchschnitt bei drei Minuten und drei Sekunden. Die ältere Gruppe gab dagegen erst nach drei Minuten und 40 Sekunden an, dass drei Minuten vergangen seien.

Diese Unterschiede könnten daran liegen, dass ein Tag im Verhältnis zur gesamten Lebenszeit mit zunehmendem Alter immer kürzer erscheint. Denn für einen Elfjährigen vergeht an einem Tag ein Viertausendstel seines Lebens, bei einem 55-Jährigen macht ein Tag nur noch ein Zwanzigtausendstel seines Lebens aus.

Darüber hinaus erscheint uns die Zeit im Rückblick bei einer starken geistigen Anstrengung länger als bei einer weniger anstrengenden Aufgabe. Viele Tätigkeiten werden jedoch mit zunehmendem Alter zu Routine, so dass die kognitive Belastung im Allgemeinen geringer ist als in der Jugend. Dies könnte dazu führen, dass die Zeit subjektiv schneller vergeht.

# Was mus
# erfolgreich

Wenn man einen Menschen kennenlernt, kommt es auf den ersten Eindruck an – vor allem bei einem Flirt. Die meisten von uns versuchen dabei intuitiv, ein positives Bild von sich zu hinterlassen – sowohl durch die Art, wie sie sich geben, als auch durch das, was sie über sich selbst erzählen.
Allerdings kommen Aussagen, mit denen man versucht, sich in ein besonders positives Licht zu rücken, beim Gegenüber häufig nicht sehr gut an. In einem Speed-Dating-Experiment wurden Flirtpartner, die ihre beruflichen Erfolge erwähnten oder auf ausgefallene Hobbies hinwiesen, als wenig attraktiv eingestuft. Gut kamen dagegen Gesprächspartner an, die ihr Gegenüber aufforderten, selbst etwas über sich zu erzählen. Dabei fiel die Einschätzung besonders positiv aus, wenn die Fragen auf eine ungewöhnliche oder witzige Art gestellt wurden – etwa: „Wenn du ein Gemüse wärst, was wärst du dann?".

## ıan tun, um
## zu flirten?

Aber auch die Wahl der Gesprächsthemen kann den Erfolg oder Misserfolg eines Flirts beeinflussen. So führte das Thema „Filme" in der gleichen Untersuchung dazu, dass nur neun Prozent der Teilnehmer ihren Gesprächspartner wiedersehen wollten, beim Thema „Reisen" waren es dagegen doppelt so viele. Dies liegt offenbar daran, dass Männer und Frauen bei Filmen oft einen unterschiedlichen Geschmack haben, so dass es in den Gesprächen häufig zu Diskussionen kommt. Gespräche über Reisen drehen sich dagegen in aller Regel um die Freizeit und interessante Erlebnisse, also positive Aspekte, so dass hier meist eine angenehme Gesprächsatmosphäre entsteht.
Auch Humor und gemeinsames Lachen sind ganz wichtige Faktoren für einen erfolgreichen Flirt: Menschen, die gemeinsam etwas Lustiges getan haben, fühlen sich ihrem Flirtpartner näher und beurteilen ihn als attraktiver. Am besten ist es also, mit viel Spaß in ein Date zu gehen und den oder die Angebeteten zum Lachen zu bringen.

# Warum glauben Verschwörungstheorien

Dienen die Strichcodes auf Lebensmitteln dazu, die Bürger zu überwachen? Wurden die Terroranschläge vom 11. September von den US-Geheimdiensten veranlasst? Obwohl solche Behauptungen unwahrscheinlich klingen und es dafür oft keine Beweise gibt, kursieren solche Verschwörungstheorien immer wieder. Und gar nicht wenige Menschen glauben daran: Einer Studie zufolge sind es bis zu 42 Prozent.

Eine wissenschaftliche Erklärung dafür bietet die Kontrolltheorie. Sie besagt, dass es für Menschen wichtig ist, ein Gefühl der Kontrolle über ihr Leben zu haben. Verlieren sie die Kontrolle, wird dies als sehr bedrohlich erlebt.

Eine Verschwörungstheorie trägt dazu bei, bedrohliche und zugleich schwer durchschaubare Zusammenhänge – zumindest scheinbar – zu verstehen und so das Gefühl der Kontrolle zurückzugewinnen. So löste die Entdeckung des AIDS-Virus bei vielen Menschen diffuse Ängste aus. Wenn nun in einer Verschwörungstheorie ein greifbarer Feind benannt wird – wie in diesem Fall die US-Regierung, die das

wir manchmal gern an

Virus absichtlich verbreitet haben soll, so können negative Gefühle auf diesen vermeindlichen Gegner gerichtet werden, und die Situation wird für viele Menschen erträglicher. Untersuchungen bestätigen, dass Menschen eher an Verschwörungen glauben, wenn sie sich verunsichert oder hilflos fühlen. So waren die Teilnehmer einer Studie empfänglicher für Verschwörungstheorien, wenn sie sich zuvor an eine Situation erinnert hatten, der sie hilflos ausgeliefert waren. Auch Menschen, die mit den gesellschaftlichen Strukturen unzufrieden sind und sich von der Gesellschaft entfremdet fühlen, neigen eher zum Glauben an Verschwörungstheorien.

Außerdem scheint ein Prinzip des Denkens dazu beizutragen, dass sich viele Menschen zum Glauben an Verschwörungen verleiten lassen: Wir neigen dazu, in unserer Umwelt nach Ursache und Wirkung zu suchen – und sehen deshalb auch dort gern einen ursächlichen Zusammenhäng, wo in Wirklichkeit keiner ist.

# Wie lässt sich

Ob man isst oder nicht, hängt längst nicht nur von Hunger oder Sattheit ab. Häufig greifen wir zu Keksen oder Schokolade oder essen den Teller doch noch leer, obwohl wir eigentlich schon satt sind.
Dabei lassen wir uns von äußeren Faktoren, aber auch von inneren Reizen beeinflussen. So aßen die Teilnehmer einer Untersuchung deutlich weniger kalorienreiche Snacks, wenn sie sich ein paar Stunden nach dem Essen detailliert an ihre letzte Mahlzeit erinnert hatten. Offenbar vermindert die lebhafte Erinnerung an alles, was man vorher schon gegessen hat, den Appetit und führt dazu, dass man weniger isst. Dies zeigt, dass die Erinnerung an die letzte Mahlzeit normalerweise mit der Zeit verblasst. Dann lässt man sich nach ein paar Stunden leicht zur nächsten Nascherei verführen – auch wenn man vielleicht noch gar nicht wieder hungrig ist.
Dass auch das Auge einen großen Einfluss darauf hat, wie viel wir essen, zeigen weitere Untersuchungen. Menschen

großer Appetit austricksen?

nehmen deutlich mehr Nahrung zu sich, wenn sie eine große Packung oder einen großen Teller vor sich haben: 48 Prozent mehr Süßigkeiten werden genascht und 23 Prozent mehr Spaghetti gegessen als wenn man eine kleinere Portion vor sich hat. Dies liegt daran, dass man bei einer größeren Portion eher den Überblick darüber verliert, wie viel man schon gegessen hat. Außerdem erscheint die Menge, die man zu sich nimmt, im Verhältnis zur gesamten Nahrungsmenge geringer.
Dem sogenannten Effekt der großen Teller lässt sich jedoch leicht entgegenwirken. Wie das geht, zeigt eine Initiative aus den USA, die sich Small Plate Movement nennt. Sie propagiert, kalorienreiche Nahrung bewusst auf kleinen Tellern zu servieren und mit einem kleinen Löffel zu essen. Auf diese Weise lässt sich der Appetit regelrecht überlisten. Gesunde Lebensmittel wie Gemüse oder Obst sollte man dagegen auf großen Tellern servieren, um sich zu motivieren, mehr davon zu essen.

# Wieso setze[n]
# freiwillig

Ein Grund für riskantes, also eigentlich unvernünftiges Verhalten ist, dass sich die Gefahren erst langfristig zeigen und dass es kurzfristig positive Effekte gibt. Nehmen wir das Rauchen: Ein Raucher empfindet Entspannung beim Genuss der Zigarette. Erst nach langjährigem Konsum machen sich gesundheitliche Probleme bemerkbar. Die kurzfristige positive Wirkung wird in der Wahrnehmung stärker bewertet, und die langfristigen negativen Effekte ausgeblendet. Bei dieser Art Risikoverhalten geht es also um sofortigen Lustgewinn oder die sofortige Abwehr von Unlustempfindungen. Die Verstärkung liegt im Jetzt, die Bestrafung in der Zukunft. Wird die Zukunft nicht ausgeblendet, wird auch gern rationalisiert: Ein Raucher argumentiert z. B., dass er vielleicht morgen bei einem Unfall umkommt und völlig vergebens auf den jetzigen Genuss verzichten musste. Oder er führt die Ausnahme an: „Auch Raucher werden 90."

vir uns
# Gefahren aus?

Beim Risikosport wie dem Bungee-Springen stellt sich freilich der mögliche negative Effekt nicht irgendwann in der Zukunft, sondern sofort ein – man ist schnell mausetot. Hier begibt sich der Mensch in Gefahr für ein ganz besonderes Erlebnis, für den Adrenalin-Kick. Dieses Glücksgefühl ist für ihn nicht nur um ein Vielfaches wichtiger als möglicherweise das Leben zu verlieren, sondern das Glücksgefühl hängt mit der Gefahr zusammen. Sie ermöglicht erst den Kick. Glücksforscher meinen, dass manche Menschen einfach intensive Sinnesreize suchen; sie wollen außergewöhnliche Emotionszustände erleben als Ausgleich zur Alltagsroutine. Das sind Personen mit hoch ausgeprägtem Sensation-Seeking, d. h. solche, die ein hohes Bedürfnis nach neuen Sinneseindrücken haben und dafür bereit sind, Risiken einzugehen. Also: Die einen finden ihr Glück im Nervenkitzel, die anderen nicht.

# Warum sind oft so wenig

Psychologische Untersuchungen zeigen, dass unser Gedächtnis ziemlich anfällig ist für Fehler und Manipulationen. Versuchsteilnehmern wurden beispielsweise Fotomontagen vorgelegt, in denen sie als Kind in einem Ballon zu sehen waren. In einer späteren Befragung gaben über 50 Prozent an, sich an eine Ballonfahrt zu erinnern, die aber in Wirklichkeit nie stattgefunden hatte. Auch Zeugen lassen sich in ihren Aussagen leicht manipulieren, zum Beispiel durch suggestive Fragen oder nachträgliche falsche Informationen. So führte eine Frage wie: „Haben Sie das Vorfahrt-achten-Schild gesehen?“ dazu, dass viele Versuchsteilnehmer sich an ein solches Schild erinnerten, obwohl in der zuvor gezeigten Unfallszene ein Stoppschild zu sehen war.
Besonders leicht können solche Fehler entstehen, wenn jemand körperlich und psychisch erschöpft ist oder unter Stress oder starker emotionaler Erregung steht, was bei Zeugen eines Verbrechens häufig der Fall ist. Dazu kommt,

dass bei autobiografischen Erinnerungen (Erinnerungen an das eigene Leben) verschiedene Prozesse im Gehirn beteiligt sind. Informationen müssen gespeichert und wieder aus dem Gedächtnis abgerufen werden, gleichzeitig wird das Ereignis emotional bewertet und in Bezug zur eigenen Person gesetzt. Außerdem ist es erforderlich, sich Ereignisse bildhaft vorzustellen und sich mental an einen bestimmten Zeitpunkt in der Vergangenheit zurückzuversetzen. Beim Erinnern an Vergangenes stammen die abgerufenen Informationen oft aus ganz verschiedenen Quellen: Bilder und akustische Informationen etwa werden in unterschiedlichen Hirnregionen gespeichert, dann aber gleichzeitig abgerufen. Dabei kann es leicht passieren, dass sich ein falsches „Puzzleteil" einschmuggelt – wie eben ein bestimmtes Straßenschild, nach dem man gefragt wurde, das man aber nicht mit eigenen Augen gesehen hat.

# Wieso wir eigentlic

Viele Menschen lesen gern den neuesten „Klatsch“ über Prominente. Und das, was Freunde, Nachbarn oder Arbeitskollegen in letzter Zeit getan haben, ist häufig das Hauptgesprächsthema. Studien haben gezeigt, dass sich 65 Prozent der Gesprächsinhalte um Klatsch und Tratsch drehen! Gemeint ist damit, dass man Neuigkeiten über andere austauscht – nicht jedoch, dass man schlecht über seine Mitmenschen redet. Solch „negativer Tratsch“ macht den Untersuchungen zufolge nur fünf Prozent der Gesprächsinhalte aus.

Es ist kein Zufall, dass die Neuigkeiten über andere oft bis in alle Einzelheiten diskutiert werden. Läuft da was zwischen den beiden Kollegen, und sie zeigen es nur nicht? Warum kommt die Freundin nicht mehr zu den Unternehmungen im Freundeskreis? Solche Diskussionen helfen dabei, aus dem Verhalten der anderen etwas für sich selbst zu lernen – zum Beispiel, erfolgreiches Verhalten abzuschauen oder die Fehler der anderen zu vermeiden. Gleichzeitig dient Klatsch auch

# ratschen so gerne?

dem Austausch sozialer Normvorstellungen, die dann im Gespräch akzeptiert oder verändert werden können. Daher ist es kein Zufall, dass oft über Prominente getratscht wird – denn diese gelten häufig als Leitfiguren für moralische Normen. Gleichzeitig nimmt man Prominente, über die in den Medien oft berichtet wird, sozusagen als Teil des eigenen sozialen Netzes wahr.

Außerdem kann Tratsch dazu beitragen, soziale Beziehungen zu stärken: Der Austausch von Neuigkeiten erhöht das Vertrauen zueinander – und da er häufig auch unterhaltsam ist, trägt er zu einer positiven Atmosphäre bei. Auch die eigene Position im Bekannten- oder Kollegenkreis wird häufig durch Tratsch gestärkt – denn die Weitergabe von Informationen kann den eigenen sozialen Status verbessern. Und wenn man bei einem Tratsch selbst Neuigkeiten erfährt, hat das wiederum den Vorteil, dass man diese an andere weitergeben kann.

# Was macht ein attraktives

Schönheit ist für uns Menschen ein wichtiges Thema. In der Psychologie hat sie ihren Platz in der Attraktivitätsforschung. Diese hat festgestellt: Der Durchschnitt vieler Gesichter wird attraktiver empfunden als jedes einzelne Gesicht.

Personen wurden Fotos von Gesichtern vorgelegt, deren Attraktivität sie einschätzen sollten. Neben mehreren normal fotografierten Menschen wurden computertechnisch hergestellte, gemorphte Gesichter gezeigt: Prototypen, die durch Übereinanderlegen vieler Gesichter erzeugt werden. Am attraktivsten wurden Gesichter wahrgenommen, die aus bereits attraktiven Gesichtern erzeugt wurden. Wurden unattraktive Originalgesichter zu einem Bild verschmolzen, wurde dieses Durchschnittsgesicht zwar weiterhin als unattraktiv empfunden, aber immer noch als attraktiver als die einzelnen Originalgesichter. Das Bilden eines Durchschnitts erhöht also in jedem Fall die Attraktivität.

# Gesicht aus?

Das Besondere an den Ergebnissen ist, dass wir nichtexistente Gesichter als schöner empfinden als existente. Wir jagen also gewissermaßen einem Ideal nach, das es gar nicht gibt. Da verwundert es nicht, dass die Zahl der Schönheitsoperationen stetig wächst.

Und welche Schönheitsmerkmale gibt es? Bei Frauen sind es braunere Haut, große, rundliche Augen, kleine, kurze und schmale Nase und Kinn (Kindchenschema), schmaleres Gesicht, vollere Lippen, lange, dunkle Wimpern, höhere Wangenknochen. Was den Mann schöner macht, sind braunere Haut, schmaleres Gesicht, vollere Lippen, dünnere Augenlider, mehr und dunklere Wimpern, dunklere Augenbrauen, höhere Wangenknochen, markanterer Unterkiefer und markanteres Kinn.

Ein kleiner Trost für jene, die nicht von vollkommener Schönheit gesegnet sind: Das Schönheitsideal wandelt sich – denken Sie an die vornehme Blässe der vorviktorianischen Zeit!

# Ein Kind für zu belohnen grundfalsch!

Die gängige Meinung ist, dass man ein erwünschtes Verhalten eines Kindes belohnen sollte, um es zu motivieren, dieses Verhalten auch beizubehalten. Das ist aber nicht immer die richtige Herangehensweise, und zwar dann nicht, wenn das Kind an der Handlung sowieso Freude hat.

Liest das Kind z. B. gern, d. h., ist es ohnehin schon dazu motiviert, dann wirkt sich eine Belohnung sogar demotivierend aus: Das Kind führt jetzt sein Leseverhalten auf die Belohnung zurück, es zweifelt daran, es gern, aus freien Stücken zu tun. Bleibt dann die Belohnung aus, sinkt die Beliebtheit des Lesens, und das Kind wird weniger lesen. Man erreicht also genau das Gegenteil von dem, was man erreichen wollte. Dies konnte in zahlreichen Untersuchungen mit Kindern belegt werden – allerdings nur im Falle materieller Belohnungen: Lob und Anerkennung lassen die Motivation hingegen nicht sinken.

# in gutes Verhalten ist manchmal

Die anfangs beschriebene Motivation des Kindes wird in der Psychologie intrinsische Motivation genannt: Das Kind liest, weil es von sich aus am Lesen interessiert ist und Freude daran hat. Würde es das Buch nicht aus Freude lesen, sondern nur, weil es die Hausaufgabe im Deutschunterricht ist und es eine schlechte Note vermeiden will, würde eine sogenannte extrinsische Motivation vorliegen.
Wenn nun das Kind nicht mehr Lust am Lesen hat, hat offenbar die Belohnung die intrinsische Motivation sinken lassen, es ist ein sogenannter Korrumpierungseffekt eingetreten – folglich sollte man es nicht mehr fürs Lesen belohnen.
Der Einsatz von materieller Belohnung ist immer dann sinnvoll, wenn ein Kind an etwas anfänglich kein Interesse hat. Mit dem äußeren Anreiz kann es an die Handlung herangeführt werden. Vielleicht macht es dann auch die Erfahrung, dass die Handlung Freude bereitet. Die extrinsische Motivation würde zur intrinsischen werden.

# Woher kommt das

Wir verzerren unser Gesicht zu einer Grimasse, atmen stoßweise aus, dass es unseren Körper schüttelt, und machen laute, bellende Geräusche. Eigentlich ist Lachen eine ganz schön seltsame Verhaltensweise des Menschen. Lachen kann man nicht spielen – wir sind in der Lage, ein echtes, herzliches Lachen von einem aufgesetzten zu unterscheiden –, es ist ein stereotypes Verhaltensmuster, ähnlich einem Reflex, mit dem wir auf lustige, erheiternde Situationen reagieren.

Bekanntlich ist Lachen ansteckend, denn es schafft innerhalb der Gruppe Bindungen, stärkt das Zusammengehörigkeitsgefühl und dient damit auch der Kommunikation. Zudem erregen wir damit Aufmerksamkeit und zeigen anderen Menschen: Wir fühlen uns heiter. Studien zeigen, dass wir bis zu 30-mal häufiger lachen, wenn wir mit anderen zusammen sind, als wenn wir allein sind.

Übrigens können nicht nur wir Menschen lachen: Auch Affen, zum Beispiel Schimpansen, lachen hin und wieder.

# Lachen?

Dies klingt zwar anders als beim Menschen, aber Evolutionspsychologen nehmen an, dass sich vor zwei bis vier Millionen Jahren unser Lachen aus diesem Affenlachen heraus entwickelt hat. Bei Kindern können wir oft beobachten, dass sie lachen, während sie im Spiel raufen oder toben, daher könnte das Lachen auch für unsere Vorfahren ein Signal gewesen sein, in Zeiten der Sicherheit andere zum Spielen aufzufordern. Manche Forscher vermuten, dass Gruppen, in denen öfter gespielt wurde, Vorteile hatten, was die Fitness und damit auch die Überlebenschance angeht.

Als sich unser Gehirn schließlich im Laufe der Evolution entwickelte, änderte sich auch unser Spielverhalten: Anstatt sich nur rein körperlich auszutoben, begann der Mensch mit Sprache und Ideen zu spielen und diese so zu verändern, dass dies wiederum andere zum Lachen brachte – heute nennen wir dieses Verhalten Humor.

# Ist die für Kinder wie

Vokabeln lernen, Verben konjugieren und Zeitformen üben – all das müssen Kinder, die sprechen lernen, glücklicherweise nicht. Daher ist das Sprechenlernen auch nicht mit dem Erlernen einer Fremdsprache zu vergleichen. Vielmehr scheint es bei uns Menschen eine angeborene Fähigkeit zu geben, Sprache zu lernen. Der bekannte Linguist Noam Chomsky geht davon aus, dass es bestimmte Strukturen in unserem Gehirn gibt, eine Art Mechanismus mit einer angeborenen Universalgrammatik für alle Sprachen. Kinder erlernen ihre Muttersprache daher auch ganz spontan, sie müssen dafür nicht trainieren. Je mehr Wörter sie erlernen, umso mehr füllt sich ihr geistiges Wörterbuch, mit der angeborenen Grammatik können sie dann Phrasen und Sätze bilden.
Es scheint allerdings eine kritische Periode zu geben, in der Kinder sprechen lernen müssen. Forscher gehen davon aus, dass diese ungefähr ab 1,5 Jahren beginnt und bis zum 12. Lebensjahr dauert. Dies zeigen Studien an Kindern, die keine Gelegenheit hatten, sprechen zu lernen, sogenannte

# Muttersprache eine Fremdsprache?

Wolfskinder. So gab es in den 1970er-Jahren den Fall eines Mädchens namens Genie, das von klein auf isoliert in einem dunklen Raum gefangen gehalten wurde. Als man es fand, war es bereits 13 Jahre alt und konnte nicht sprechen. Trotz intensiven Sprachtrainings lernte Genie es auch nicht mehr richtig, obwohl sich ihre Intelligenz normal entwickelte. Ihr Sprachniveau stagnierte auch nach mehreren Jahren auf einfachen Wortreihen, wie „gehen Doktor Haus morgen". Deshalb geht die Forschung heute davon aus, dass Spracherwerb nur bis zu einem bestimmten Alter möglich ist und später nicht mehr aufgeholt werden kann. Trotz des scheinbar mühelosen Erlernens der Muttersprache: Kleine Kinder brauchen auch jede Menge Input von uns Erwachsenen. Dabei brauchen wir keine Scheu vor „Babysprache" zu haben: Untersuchungen zeigen, dass kleine Kinder diese sogenannte Ammensprache sogar bevorzugen.

# Wer quasselt mehr?

Umfragen zufolge glauben sowohl Männer als auch Frauen, dass das weibliche Geschlecht gesprächiger ist. Studien zeigen jedoch, dass Männer und Frauen durchschnittlich gleich viel sprechen – nämlich etwa 16.000 Wörter pro Tag. Unterschiede bestehen allerdings bei den Gesprächsinhalten: Frauen teilen mehr Persönliches mit, Männer reden bei sachlichen Themen mehr. Diese Unterschiede treten jedoch nur bei öffentlichen Gesprächen auf – bei einer Unterhaltung im privaten Umfeld verhalten sich Männer und Frauen weitgehend gleich.

# Ist Persönlichkeit nicht auch eine Frage der Vererbung?

Ja – zum Teil schon. Das zeigen Studien, die die Persönlichkeit von ein- und zweieiigen Zwillingen sowie von eineiigen Zwillingen untereinander vergleichen. Eineiige Zwillinge sind genetisch identisch, zweieiige Zwillinge teilen wie normale Geschwister im Schnitt 50 Prozent ihrer Gene. In einer großen Studie mit 300 Zwillingspaaren stellten Forscher fest, dass Persönlichkeitsunterschiede zu 40 Prozent durch Vererbung bestimmt werden. 25 Prozent der Persönlichkeit waren auf die gemeinsame, 35 Prozent auf die nicht geteilte Umwelt zurückzuführen.

# Wer keine hat sich nicht

Wenn Sie das wirklich glauben, sollten Sie sich Gedanken machen – es sei denn, Sie sind erst fünf Jahre alt. Denn in diesem Alter sind Kinder noch nicht in der Lage, beim Lösen von Aufgaben eindeutig zwischen Glück und Anstrengung zu unterscheiden.

Das zeigt ein Versuch, bei dem Kinder zwischen fünf und 13 Jahren zwei Varianten einer Aufgabe lösen sollten, bei der sie entweder Glück oder eigene Geschicklichkeit für die Lösung brauchten. Die Fünfjährigen glaubten, dass sie sich für das Lösen der Aufgaben nur genügend anstrengen müssten – auch bei der Glücksvariante. Das bedeutet, sie können in diesem Alter noch nicht unterscheiden, dass bei einem Spiel wie „Mensch ärgere Dich nicht" das Würfelglück über den Gewinner entscheidet, und nicht, dass man sich nicht genug angestrengt hat. Kinder im Grundschulalter wissen zwar, dass eine Aufgabe durch Anstrengung, die andere durch Glück zu lösen ist, aber glauben dennoch, dass bei der Bewältigung der Zufallsaufgabe vermehrte Anstrengung

Sechs würfelt, genügend angestrengt!

hilft. Tatsächlich sind erst Kinder ab etwa zwölf Jahren in der Lage, zu verstehen, dass die eigene Anstrengung das Lösen einer Zufallsaufgabe nicht beeinflusst, und können die jeweiligen Aufgaben klar zuordnen. Im Versuch widmeten sie sich auch eher der Aufgabe, die ihre Fähigkeiten beanspruchte, als der Glücksaufgabe, im Gegensatz zu den jüngeren Kindern.

Bis zu einem Alter von etwa elf Jahren verstehen Kinder auch nicht, dass zur Bewältigung von Aufgaben nicht nur Anstrengung, sondern auch eigene Fähigkeiten nötig sind – das ist insofern sinnvoll, als sich sonst die Angst vor Misserfolgen schon früh ausprägen würde. Wenn sie glauben, sie müssten sich nur mehr anstrengen, fördert das auch ihre Motivation.

Wenn also Ihr Kind nach einem verlorenen Würfelspiel bittere Tränen weint, bedenken Sie: Es weiß nicht, dass es allein das Glück ist, das entscheidet. Und das macht es viel schwerer, eine Niederlage zu akzeptieren.

# In einem Wald Schlangen gibt,

Wie sehr uns etwas wehtut, hängt nicht nur von der Stärke des Schmerzreizes ab. Auch wie wir den Schmerz emotional und gedanklich bewerten, hat einen Einfluss auf die Schmerzempfindung: Ein objektiv gleich starker Schmerzreiz wird als stärker erlebt, wenn man ihn als bedrohlich empfindet. Dies ist zum einen bei akuten Schmerzen der Fall: Die von Dornen erlittenen Kratzer tun plötzlich viel mehr weh, wenn man glaubt, es könnte ein giftiger Schlangenbiss gewesen sein. Biologisch gesehen ist dies sinnvoll, denn Schmerz ist ein Warnsignal, das uns darauf hinweist, dass etwas nicht stimmt und uns zu einer Reaktion, zum Beispiel Flucht, veranlasst. Der gleiche Zusammenhang lässt sich aber auch bei chronischen Schmerzen beobachten. So werden Rückenschmerzen als stärker empfunden, wenn der Betroffene befürchtet, dass sich dahinter eine ernsthafte Erkrankung verbirgt.

in dem es tun Dornen mehr weh!

Aus physiologischer Sicht lassen sich diese Zusammenhänge mit Hilfe der „Gate-Control-Theorie" erklären: Vom Gehirn aus führen Nervenzellen ins Rückenmark, die das Schmerzempfinden vermindern können. Zum Beispiel durch die Ausschüttung sogenannter endogener Opiate wird die Weiterleitung des Schmerzreizes an das Gehirn gehemmt. Wie stark man einen Schmerz wahrnimmt, wird auch von Hirnregionen beeinflusst, die unterschiedliche psychische Prozesse regulieren: die Bewertung des Schmerzes als gefährlich oder harmlos, die Aufmerksamkeit für den Schmerz oder Gefühle wie Angst oder Zuversicht. Erwartet man schon, dass etwas wehtun wird, oder verbindet man den Schmerz mit Gefahr, werden alle Hirnregionen, die an der Verarbeitung der Schmerzen beteiligt sind, aktiv. Gleichzeitig fällt dann der hemmende Einfluss auf die Schmerznerven geringer aus.

# Kann ein
# Aberglaube

Aberglaube wird meist mit unvernünftigem, irrationalem Denken in Verbindung gebracht. Dennoch glauben mehr Menschen an Magie und übernatürliche Kräfte als man meinen könnte: Ganze 40 Prozent der Deutschen glauben an magische Zusammenhänge, etwa, dass eine Sternschnuppe oder ein vierblättriges Kleeblatt Glück bringen. Selbst rational denkende Wissenschaftler und skeptisch eingestellte Menschen lassen sich dazu verleiten, kleine Rituale durchzuführen oder an unmögliche Zusammenhänge zu glauben. So war in einer Untersuchung mit US-amerikanischen College-Studenten die Mehrzahl der Teilnehmer überzeugt, dass sie den Erfolg eines Basketballspielers oder eines Footballteams durch ihre Gedanken beeinflusst hätten, wenn diese am Ende tatsächlich gewannen. Und auch sonst glauben viele Menschen, dass es hilfreich sei, einen Talisman bei sich zu tragen oder wenn Freunde ihnen die Daumen drückten.

# bisschen auch nützlich sein?

Eine Erklärung für dieses irrationale Verhalten liefert die sogenannte Kontrollillusion: Menschen neigen zu dem Glauben, dass sie Vorgänge kontrollieren können, die objektiv nicht beeinflussbar sind. Dabei könnte eine Rolle spielen, dass im Normalfall oft ein Zusammenhang zwischen den eigenen Absichten und äußeren Ereignissen besteht. Das führt dazu, dass man auch dann einen Zusammenhang sieht, wenn tatsächlich gar keiner besteht.
Ist so ein Aberglaube also Quatsch? Nein, der Glaube an magische Zusammenhänge hängt auch mit emotionalen Faktoren zusammen – und kann in manchen Situationen durchaus hilfreich sein. Das Gefühl, die Dinge selbst beeinflussen zu können, kann die Ausdauer und Motivation erhöhen – zum Beispiel bei einer Prüfung. Zudem kann ein bisschen Aberglaube dazu beitragen, Stress zu reduzieren und die Zuversicht zu erhöhen. Dies kann vor allem in Situationen großer Unsicherheit eine Hilfe sein.

# Wie wird charismatische

Manche Menschen können andere mit ihrer Ausstrahlung sehr schnell für sich einnehmen. Charismatische Persönlichkeiten unserer Zeit sind zum Beispiel Barack Obama oder Nelson Mandela. Und auch nach Jahrzehnten erinnern wir uns noch an Mahatma Gandhi, John F. Kennedy oder Marilyn Monroe.

US-amerikanische Untersuchungen zeigen, dass es sowohl angeborene Teile von Charisma gibt als auch solche, die sich trainieren lassen. Zu den Schlüsseleigenschaften zählen eine ausgeprägte emotionale Intelligenz sowie gute soziale Kompetenzen.

Sechs Dinge machen den charismatischen Menschen aus – wenn Sie über mehr Charisma verfügen möchten, befolgen Sie daher diese Punkte:

1. Zeigen Sie Ihre Gefühle spontan und offen. Damit berühren Sie andere Menschen (emotionale Expressivität).
2. Seien Sie sensibel und erfassen auch die Gefühle ihrer Mitmenschen, um emotionale Bindungen aufzubauen (emotionale Sensitivität).

man eine Person?

3. Setzen Sie Ihren Charme bewusst ein, um andere Menschen für sich zu gewinnen (emotionale Kontrolle).
4. Arbeiten Sie an Ihrer Wortgewandtheit und lernen Sie, unterhaltsam zu reden (soziale Expressivität).
5. Versuchen Sie, soziale Situationen angemessen zu interpretieren, gut zuzuhören und sich taktvoll im Umgang mit anderen zu verhalten (soziale Sensitivität).
6. Schließlich sollten Sie in der Lage sein, sich gewandt und selbstbewusst in verschiedenen sozialen Situationen zu bewegen (soziale Kontrolle).

Diese Faktoren müssen einerseits hoch ausgeprägt, andererseits aber auch gut ausbalanciert sein, um sehr charismatisch auf andere zu wirken. Während die emotionalen Eigenschaften oft ein Teil der Persönlichkeit sind, können die sozialen Fähigkeiten aktiv trainiert werden – mit etwas Einsatz lässt sich das persönliche Charisma also durchaus verbessern!

# Die kenn[e]
# Aber woher

Die Verkäuferin aus der Bäckerei von nebenan auf der Geburtstagsparty des Chefs zu treffen, kann ganz schön verwirrend sein. Irgendwie wissen wir, dass wir diejenige kennen, ziemlich gut sogar, aber wer ist das nochmal...?
Dass uns in solchen Situationen partout nicht einfallen will, wen wir da eigentlich vor uns haben, beruht auf einem Phänomen, das in der Gedächtnispsychologie Kontextschock genannt wird. Dahinter steckt das sogenannte Prinzip der Enkodierspezifität: Dieses besagt, dass es leichter ist, sich an etwas oder jemanden zu erinnern, wenn die Situation, der Kontext, in dem wir eine Information abrufen, einen engen Zusammenhang mit dem Verschlüsselungskontext aufweist.
Dies verdeutlicht eine Studie: Taucher wurden gebeten, Wortlisten zu lernen – entweder am Strand oder unter Wasser. Es stellte sich heraus, dass ihre Gedächtnisleistung um etwa 50 Prozent besser war, wenn sie in der jeweiligen

ch doch...
nochmal?

Lernsituation abgefragt wurden: Die Taucher, die unter Wasser gelernt hatten, konnten sich leichter an die Wörter erinnern, wenn sie auch unter Wasser danach gefragt wurden und nicht am Strand.
Im Alltag stellen wir das Prinzip der Enkodierspezifität auch immer wieder fest: Wahrscheinlich wird es uns nicht schwerfallen, die Verkäuferin hinter dem Tresen in der Bäckerei wiederzuerkennen, aber auf der Party unseres Vorgesetzten rechnen wir nicht mit ihr – deshalb brauchen wir eine Weile, bis wir sie richtig einordnen können. Ein weiteres Beispiel: Wir gehen vom Wohnzimmer in die Küche, um eine Flasche Wasser zu holen, und fragen uns dann, was wir eigentlich dort wollten. Dann kann es helfen, ins Wohnzimmer zurückzugehen: Ein Blick auf das leere Wasserglas – der Kontext, in dem wir den Gedanken verschlüsselt haben – kann unserer Erinnerung wieder auf die Sprünge helfen.

# Ich leiste wenig ich bin eben

Das klingt zwar wie eine Ausrede dafür, wenn wir in der Schule faul waren, aber es ist tatsächlich etwas daran: Das zeigen Studien, in denen die kognitive Leistungsfähigkeit von Menschen untersucht wurde. Wir sind am besten in der Lage, uns zu konzentrieren und geistige Leistungen zu erbringen, wenn wir uns mittelmäßig angespannt fühlen. Wenn die Anspannung für uns nur sehr niedrig ist, kommt es hingegen zu Leistungseinbußen, das Gleiche ist bei sehr hoher Anspannung der Fall.
Doch was bedeutet Anspannung in diesem Zusammenhang? Eine Aufgabe erzeugt dann bei uns Anspannung, wenn sie herausfordernd für uns ist. Zu leichte Aufgaben, die nur wenige Herausforderungen beinhalten, bewirken auch nur wenig Anspannung – wir fühlen uns unterfordert und leisten im Endeffekt weniger, als wir können. Bei schwierigen Aufgaben ist es umgekehrt – die Herausforderung ist so hoch, dass sie uns überfordert.

# unterfordert!

Wann eine Aufgabe im richtigen Maß herausfordernd ist oder nicht, hängt natürlich von der Person ab. Viele Menschen resignieren schon, wenn sie eine komplizierte mathematische Gleichung nur sehen. Mathematikprofessoren winken vielleicht gelangweilt ab. Für Studenten aus den Ingenieurs- oder Naturwissenschaften könnte sie hingegen genau die richtige Herausforderung sein. Dabei spielt es auch eine Rolle, wie emotional stabil wir sind: Eine mittelschwere Aufgabe bringt Menschen mit hoher emotionaler Stabilität dazu, eine optimale Leistung abzurufen. Eher labile Personen fühlen sich hingegen schon von mittleren Herausforderungen eingeschüchtert – sie schneiden im Endeffekt schlechter ab, als sie es vom Schwierigkeitsgrad der Aufgabe und ihrem Wissen her müssten.
Nochmal zurück zu den Schulnoten. Wir könnten also auch behaupten: „Mathe hat mir noch nie gelegen. Hat mich einfach unterfordert." Ein bisschen Flunkern ist ja manchmal erlaubt.

# Warum verlieben
# Menschen i
# oder ihre

Auf den ersten Blick scheint dieser Zusammenhang recht trivial: Wir verlieben uns in jemanden, dem wir öfters über den Weg laufen. Irgendwie müssen wir unseren Partner ja kennenlernen, und bei der Arbeit, oder wenn man jahrelang nebeneinander wohnt, funktioniert das natürlich gut. Solche Menschen sind ganz einfach verfügbarer. Doch wir können noch einen Schritt weitergehen und uns fragen: Hätten wir uns auch verliebt, wenn unser Partner nicht mit uns zusammengearbeitet hätte, sondern wir ihn zum Beispiel nur an einem Abend auf einer Party getroffen hätten? Oder wäre die Wahl auf einen anderen Arbeitskollegen gefallen?
Vielleicht hätte unser Partner dann schlechte Chancen gehabt: Denn wir neigen dazu, jemanden nur deshalb zu mögen, weil wir viel mit ihm zu tun haben. In der Sozialpsychologie wird dieses Phänomen Mere-Exposure-Effekt genannt. Dieses Prinzip besagt: Je öfter wir einer Sache

sich so viele

hren Nachbarn

Arbeitskollegen?

oder einer Person ausgesetzt sind, umso höher wird die Wahrscheinlichkeit sein, sie zu mögen.
So zeigten Psychologen Studenten einer bestimmten Vorlesung Bilder von vier gleichermaßen hübschen Frauen. Eine dieser Frauen hatte 15-mal an der Vorlesung teilgenommen, zwei weitere 10- beziehungsweise 5-mal, eine gar nicht. Tatsächlich war in den Augen der Kommilitonen die Frau am attraktivsten, die am häufigsten mit ihnen in der Vorlesung gesessen hatte.
Evolutionspsychologisch ist unser Verhalten übrigens durchaus sinnvoll: Was wir kennen, ist keine Gefahr – Unbekanntes kann hingegen eine Bedrohung sein. Und da wir die Tendenz haben, nicht nur Menschen, sondern zum Beispiel auch Produkte zu mögen, die wir besonders oft sehen, macht sich auch die Werbeindustrie diesen Effekt zunutze.

# Warum müssen wi
# immer wiede
# dass wir nich

Eine kleine Aufgabe: Sie dürfen in den nächsten fünf Minuten an alles denken. Aber nicht an einen weißen Bären. Was geht Ihnen nicht aus dem Kopf? Genau, ein weißer Bär. Das Gleiche passiert auch, wenn wir uns schlaflos im Bett wälzen und partout nicht darüber nachdenken, sondern einfach nur einschlafen wollen. Wir denken immer und immer wieder: „Ich kann nicht schlafen!" Und werden dabei immer munterer.

Eigentlich spielt uns unser Gehirn damit einen Streich. Es tut genau das Gegenteil von dem, was wir ihm befehlen. Deshalb nennt man in der Psychologie solche Phänomene auch ironische Prozesse. Wahrscheinlich stecken dahinter zwei mentale Prozesse, wenn wir versuchen, einen Gedanken, zum Beispiel an den weißen Bären, zu kontrollieren: erstens ein ausführender Prozess, der nach „erlaubten" Inhalten sucht, an die wir denken dürfen. Und dann der ironische Prozess, der nach den „verbotenen" Inhalten sucht, um zu überprüfen, ob unser mentales Kontrollvorhaben

ei Schlaflosigkeit
laran denken,
inschlafen können?

überhaupt funktioniert, um dann gegebenenfalls den ausführenden Prozess anzupassen. Wenn beide Prozesse gut zusammenarbeiten, haben wir unser Ziel erreicht. Wir denken nicht an den weißen Bären. Doch wenn wir unsere geistige Kapazität nicht voll ausschöpfen können, zum Beispiel unter Stress oder wenn wir abgelenkt sind, passiert Folgendes: Der operative Kontrollprozess arbeitet nicht so effektiv und der Überwachungsprozess zeigt dann nicht mehr nur das Scheitern der mentalen Kontrolle an, sondern verursacht es selbst: Allein die Suche nach der „verbotenen" Information ruft sie wieder in unser Bewusstsein.

Auch die Schlaflosigkeit verursacht Stress und Besorgnis, weshalb die Kontrolle nicht gut funktioniert. Allerdings lassen sich die ironischen Prozesse auch bewusst einsetzen. Schlaflosen wurde in einem Versuch gesagt, sie sollten wach bleiben. Und was passierte? Man ahnt es, sie konnten endlich schlafen.

# Bringt es wirklich im Sport

Vor heimischer Kulisse hat ein Team aus der Fußballbundesliga einen 0:1-Rückstand aufgeholt und drängt jetzt auf den Führungstreffer. 50.000 Fans peitschen ihre Mannschaft nach vorne. Da kann sie doch nur noch gewinnen, oder? Tatsächlich hängt dies aber wesentlich von der Sportart ab. Im Fußball ist es so, dass die Zuschauer wenig Einfluss darauf haben, ob eine Mannschaft besser spielt oder nicht! Es gibt zwar in der Psychologie das Phänomen der sozialen Aktivierung. Dieses sagt aus, dass Aufgaben besser bewältigt werden, wenn andere Menschen anwesend sind. Untersuchungen im Sport brachten hier jedoch unterschiedliche Ergebnisse zutage. Bei technisch einfacheren Sportarten wie Radfahren oder Laufen haben Zuschauer an der Strecke tatsächlich einen leistungssteigernden Effekt. Bei Sportarten, bei denen hingegen eher koordinative Anforderungen bewältigt werden müssen, zum Beispiel Eiskunstlauf oder Turnen, wird die Leistung durch die Anwesenheit von Zuschauern sogar schlechter. Beim Fußball halten sich Herausforderun-

etwas, wenn Fans kräftig anfeuern?

gen aus beiden Bereichen etwa die Waage – beide Effekte heben sich gegenseitig auf, und so bewirken die Zuschauer weder eine Leistungssteigerung noch eine -minderung. Es ist im Grunde egal, ob sie dabei sind und jubeln und klatschen.

Einen Vorteil hat unser Fußballteam aber noch: Es spielt zu Hause. Denn der Heimvorteil ist für viele Mannschaftssportarten nachgewiesen. Die Hintergründe dafür sind jedoch nicht gut erforscht. So hat die Vertrautheit mit der Spielstätte nur einen geringen Einfluss auf die Leistung. Auch die Belastung der Auswärtsmannschaft durch die Anreise ist nicht ausschlaggebend. Sportpsychologen nehmen daher an, dass es sich um einen psychischen Faktor handelt: Die Heimmannschaft fühlt sich zu Hause einfach wohler. Zumindest solange sie erfolgreich ist. Denn es gibt auch das Phänomen des Heimnachteils. Dabei kommt es zu einem Leistungsabfall, da die Mannschaft sich durch zu hohe Erwartungen unter Duck gesetzt fühlt.

# Niemand wenn es besonders

Den meisten Menschen ist klar, dass Qualität auch ihren Preis hat. Aber wer gibt schon gerne unnötig Geld aus? Da erscheint es doch logisch, dass wir lieber Produkte kaufen, die günstiger sind, zumindest, wenn sie eine gewisse Qualität haben.

Nicht unbedingt. Es gibt das Phänomenen, dass Produkte tatsächlich erst ab einem bestimmten Preis gekauft werden, gerade, weil sie teuer sind. Bekannt geworden ist dies als Veblen-Effekt, benannt nach dem Wirtschaftswissenschaftler Thorstein Veblen, der dieses Verhalten 1899 beschrieb. Dabei geht es ums Prestige. Bestimmte, wohlhabende Kunden bevorzugen bewusst teure Produkte, um zu zeigen, dass sie es sich leisten können, diese zu besitzen, man denke an bestimmte Autos, Uhren und Schmuck oder Designerkleidung. Die Qualität dieser Produkte muss dabei nicht besser sein als die vergleichbarer Produkte, die wesentlich günstiger sind. Anbieter von Luxusmarken müssen daher darauf achten, ihre Produkte nicht zu günstig anzusetzen – denn

# kauft etwas, teuer ist – oder doch?

am Ende wollen ihre Kunden diese nicht kaufen, weil sie ihnen zu wenig kosten. Für derartige Produkte kann es dann tatsächlich zu dem auf den ersten Blick paradox anmutenden Phänomen kommen, dass steigende Preise die Nachfrage erhöhen.

Eng mit dem Veblen-Effekt verknüpft ist der Snob-Effekt: Dieser tritt auf, wenn sich Käufer von anderen Konsumenten abgrenzen wollen. Was alle kaufen, ist uninteressant – vielmehr wollen Snob-Käufer die Produkte erwerben, die nicht von anderen nachgefragt werden. Hintergrund ist hier wieder das Bedürfnis, durch den Besitz von exklusiven Gütern das eigene Prestige zu erhöhen.

Auch auf Dritte kann der teure Sportwagen übrigens anziehend wirken: Eine Studie zeigt, dass Frauen Männer, die Luxusgüter konsumieren, begehrenswert finden, zumindest, was eine kurze Affäre angeht – jedoch nicht als möglichen Kandidaten zum Heiraten.

# Morgen gehe zum Zahnarzt

„Was du heute kannst besorgen, das verschiebe nicht auf morgen." – Jeder wird über diesen Spruch schon einmal die Augen verdreht haben. Denn etwas Unangenehmes wie die Steuerklärung auszufüllen haben wir wahrscheinlich alle mal vor uns hergeschoben. Psychologen nennen dieses Verhalten Prokrastination.

Typisch dafür ist, dass wir uns in Ersatztätigkeiten flüchten: Statt die wichtige Präsentation für den Job vorzubereiten, sortieren wir eine Stunde lang unsere Notizen oder fangen an aufzuräumen. Oft begleitet von einem schlechten Gewissen und dem schalen Gefühl im Nachhinein, dass wir es hätten besser machen können, wenn wir nur rechtzeitig angefangen hätten. Zur Rechtfertigung des Verhaltens benutzen Aufschieber dabei Rationalisierungen wie „Ich warte auf den richtigen Zeitpunkt anzufangen" oder „Nur unter Druck kann ich richtig arbeiten".

Bei jedem Menschen ist die Tendenz zum Aufschieben unterschiedlich ausgeprägt. Forscher nehmen an, dass es

ch endlich zur Kontrolle …

bestimmte Persönlichkeitsmerkmale sind, die manche Menschen zu starken Aufschiebern machen. Vor allem die Angst zu versagen und vor negativer Bewertung durch andere stecken dahinter. Zudem hat das Aufschiebeverhalten etwas mit der Wahrnehmung der jeweiligen Aufgabe zu tun: Sie erscheint oft als lästig und unangenehm. Deshalb vermeiden wir sie und sorgen durch andere Tätigkeiten für Befriedigung, zum Beispiel, indem wir schnell zu erledigende Dinge abarbeiten, etwa unsere E-Mails beantworten. Aufschieber sind jedoch weder dümmer noch fauler oder weniger ehrgeizig: Oft wollen sie genauso sehr ihr Ziel erreichen wie Menschen, die immer alles gleich erledigen. Prokrastinieren ist jedoch mehr als nur eine schlechte Angewohnheit, betonen Psychologen. Es ist so eng mit unserer eigenen Persönlichkeit verknüpft, dass starke Aufschieber dieses Verhalten oft nur mit Hilfe eines Therapeuten in den Griff bekommen.

# Wer einen Partner sucht, sollte zu seinem Körpergeruch stehen!

Keine Angst vor dem individuellen Körpergeruch – für die Partnerwahl ist er wichtig! In diesem sind nämlich Pheromone, Sexuallockstoffe, enthalten. Sie sind bei Tieren nachgewiesen, es gibt sie wahrscheinlich aber auch bei uns. Sie weisen uns den Weg zu Menschen, die uns genetisch eher unähnlich sind, um möglichst gesunde Nachkommen zu produzieren – bei zu viel genetischer Ähnlichkeit wäre das Risiko von Kindern mit Gendefekten größer. Die genaue Wirkungsweise der Pheromone muss allerdings noch weiter erforscht werden.

# Wie merkt man sich am besten eine lange Nummernfolge?

Ob Handynummern oder Nutzerkonten: An eine längere Zahl wie 5380942140 kann man sich leichter erinnern, wenn man sie bündelt, in Chunks aufteilt. Das sind Informationseinheiten, die zum Beispiel aus einzelnen Zahlengruppen bestehen. Beim Chunking ordnet das Gedächtnis diese Informationen neu an. So könnten wir unser Beispiel in Zweier-Chunks aufteilen: 53 80 94 21 40. Anstelle von zehn Zahlen müssten wir uns nur fünf Chunks merken. Dadurch spart das Gehirn Gedächtniskapazität, die wir für das Erinnern anderer Informationen verwenden können.

# Macht es Sinn, wie gelähmt

Evolutionär gesehen schon. Viele Tiere, die Beute machen wollen, reagieren auf Bewegung. Und wenn wir uns vorstellen, dass wir als Jäger und Sammler durch die Savanne gezogen sind und das hungrige Raubtier mitunter erst spät bemerkt haben, kann eine solche Körperstarre durchaus sinnvoll sein. Viele Tiere verfügen ja auch über einen Totstellreflex.

Heutzutage, wo wir eher selten durch wilde Tiere bedroht werden, tritt eine solche lähmende Angst vor allem in Situationen auf, die über einen längeren Zeitraum als besonders gefährlich und mitunter auch ausweglos erlebt werden. Wir haben das Gefühl, die Kontrolle zu verlieren, und sehen eigene Stärken und Auswege nicht mehr. Dabei kann sich unsere Muskulatur anspannen und Puls und Blutdruck können so stark sinken, dass wir in Ohnmacht fallen.

Ein bisschen paradox ist die lähmende Angst aber schon: Denn sie kann die zunächst in Gefahrensituationen auftre-

ei großer Angst zu sein?

tende sogenannte Kampf-oder-Flucht-Reaktion behindern. Eigentlich führt Angst zu einer Aktivierung unseres Körpers, zu einer Mobilisierung unserer Kräfte und Sinne – es werden Hormone ausgeschüttet, die uns darauf vorbereiten sollen, entweder zu kämpfen oder zu fliehen. Deshalb steigen auch Herzfrequenz und Blutdruck, wir beginnen vielleicht zu schwitzen und machen uns so zum Wegrennen bereit. Indem wir schneller atmen, werden unsere Muskeln zudem besser mit Sauerstoff versorgt, und unsere Pupillen sind geweitet, um alles sehen zu können.

Das Wort Angst stammt im Übrigen von dem lateinischen Ausdruck „angustus“ (eng). Denn typisch für diese Emotion ist ein Gefühl der Enge, zum Beispiel im Brustkorb. Angst ist daher psychisch wie physisch ein unangenehmes Gefühl, aber nichtsdestotrotz überaus sinnvoll und für unser Leben unverzichtbar – warnt sie uns doch vor Gefahren und Bedrohungen.

# Warum
# Supermärkter

Weil wir uns dann unbewusst langsamer bewegen und somit länger im Geschäft verweilen. In einer längeren Zeitspanne entwickeln wir mehr Bedürfnisse, ziehen mehr Produkte in Betracht und kaufen schließlich mehr ein. Zu diesem Ergebnis kamen bereits Untersuchungen in den 1980er-Jahren, in denen das Verhalten von Supermarktkunden unter verschiedenen Bedingungen beobachtet wurde: keine Musik, schnelle Musik und langsame Musik. Die Verweildauer der Kunden und die Einnahme an der Kasse lagen bei langsamer Musik signifikant höher als wenn schnelle oder gar keine Musik zu hören war. Das Erstaunliche ist, dass Kunden, die nach dem Einkauf befragt wurden, angaben, dass sie sich gar nicht oder nicht sicher daran erinnerten, dass im Geschäft Musik lief. Ähnliche Ergebnisse erbrachten Untersuchungen in Restaurants. Wenn im Lokal langsame Hintergrundmusik lief, verbrachten Gäste mehr Zeit, aßen und tranken mehr und gaben folglich mehr Geld aus.

## ören wir in
## -t langsame Musik?

Das heißt nun nicht, dass überall langsame Musik laufen sollte, damit das Geschäft boomt. Bei speziellen Angeboten wird die Zielgruppe berücksichtigt. In einem Geschäft für junge Leute steigern logischerweise eher schnelle Rhythmen das Einkaufsverhalten. Junge Menschen fühlen sich schließlich wohler in einer Disko-Atmosphäre. Die Kundin eines gehobenen Damen-Bekleidungsgeschäfts würde bei gleicher Musik indes das Weite suchen. In einem Weingeschäft hat – wie Studien belegen – klassische Musik Vorteile gegenüber Pop-Musik. Hörten Kunden klassische Musik, kauften sie mehr und auch viel teureren Wein. Auch in diesem Fall geschah der Einfluss vom Kunden unbemerkt. Langsame Musik hat also nicht generell einen verkaufsfördernden Effekt, sondern Kunden lassen sich in Läden mit einem speziellen Angebot von einer Musik beeinflussen, die dem Angebot und ihrem eigenen angestrebten Lebensstil entspricht.

# Ob
## oder auf'm Platz

Rot ist eine der beliebtesten Farben: Rot zieht sofort Aufmerksamkeit auf sich, lässt an Liebe wie auch an Gefahr denken. Psychologische Untersuchungen gingen seiner Wirkung nach. Männer schätzen z. B. eine rot gekleidete Frau auf einem Bild attraktiver ein als eine andersfarbig gekleidete Frau. Und trägt eine Frau ein rotes Shirt, im Gegensatz zu blau oder grün, setzen sich Männer näher an sie heran und stellen ihr intimere Fragen. Rot wirkt also reizend und provozierend. Die Forscher gehen von biologischen Wurzeln aus, die kulturell weiter ausgeformt werden, denn auch im Tierreich gibt es die anziehende Wirkung durch die rote Färbung bestimmter Körperpartien – Zeichen für die Paarungsbereitschaft.

Und wie wirkt sich Rot in Wettkämpfen aus? Mehrere Fußballspiele wurden analysiert: Die Mannschaft, die rote Trikots trug, war häufiger Sieger als diejenige in weißen Trikots. Bei Einzelkampfsportarten wie Boxen wurde ebenfalls

# eim Date
# Tragen Sie rot!

ein Vorteil für Rot gegenüber beispielsweise Blau gefunden. Die Erklärung: Rot signalisiert Gefahr und schüchtert den Kontrahenten ein. Allerdings wird ein mäßiger Sportler nun nicht allein durch die Farbe Rot zum Sieger. Kraft und Fähigkeit müssen vorhanden sein. Der Vorteil der roten Farbe zeigt sich nur, wenn Sportler etwa gleich stark sind. Doch wie kann es sein, dass Rot einmal anziehend und einmal einschüchternd wirkt? Es kommt offenbar auf die Situation an. Rot, die Farbe des Blutes, scheint zunächst generell Lebenskraft, also Aktivität und „Feurigkeit", zu vermitteln. Im Wettkampf – wir sind auf Kämpfen eingestellt – wirkt sich die Kraft als Aggression aus, in der Flirtsituation – wir sind auf potentielle Partnerschaft eingestellt – als sexuelle Anziehung.

Also: Tragen Sie rot, wenn sie einen Gegner davonjagen, aber auch, wenn Sie eine potentielle Liebe anlocken möchten!

# Lernen im Schlaf – wie geht das?

Dass Schlaf dazu beiträgt, Dinge im Gedächtnis zu behalten, ist seit einiger Zeit bekannt. Neue Studien zeigen nun, wie dies geht: Die Informationen, die man tagsüber aufgenommen hat, müssen im Tiefschlaf, also während der ersten Hälfte der Nacht, erneut aktiviert werden, um ins Langzeitgedächtnis zu gelangen. Dabei werden vor allem Informationen aktiviert, die für zukünftige Handlungen wichtig sind. Man sollte sich also am besten abends noch einmal das zu Lernende vor Augen führen – oder auch Anderes, das man in Zukunft noch brauchen könnte.

# Warum steht auf SO vielen Produkten „verbesserte Rezeptur“ oder „neu“?

Weil wir als Konsumenten Abwechslung suchen. Marktpsychologen nennen dieses Verhalten Variety Seeking: Wir haben das Bedürfnis, durch neue Reize eine gewisse Spannung zu erhalten. Daher probieren wir gerne neue Produkte aus oder wechseln den Anbieter – auch wenn wir eigentlich mit dem bisherigen Produkt zufrieden waren. Um einem solchen Griff zu einem anderen Produkt entgegenzuwirken, setzen Anbieter auf Schlagwörter wie „neu“, ändern Verpackung oder Design und betreiben viel Werbung um diese „Innovationen“.

# Wieso spürt man wenn jemand

Wir kennen solche zwischenmenschlichen Resonanzen aus dem Alltag: Wir lassen uns anstecken vom Lachen in der Gruppe; beim Füttern des Babys öffnen wir automatisch selbst den Mund; wenn eine Freundin sich wegen einer Peinlichkeit blamiert, schämen wir uns mit; und wenn jemandem der Finger in die zuschlagende Tür gerät, schreien wir selbst auf vor Schmerz.
Verantwortlich für dieses Mitfühlen und automatische Nachahmen sind die Spiegelneuronen in unserem Gehirn. Das sind Nervenzellen, die für ein bestimmtes Programm, beispielsweise „sich auf einer Couch niederlassen", zuständig sind und die aber auch dann aktiv werden, wenn die Person die Handlung nicht selbst ausführt, sondern nur beobachtet, dass jemand anderes es tut. Die Handlung wird quasi innerlich nachvollzogen, gespiegelt. Die Aktivierung der Spiegelzellen kann, muss aber nicht, auch die Nachahmung des Verhaltens nach sich ziehen:

elbst den Schmerz, anderes sich verletzt?

Die beobachtende Person setzt sich jetzt ebenfalls gelassen hin.

Spiegelneuronen „feuern" nicht nur, wenn wir bei anderen etwas beobachten, es genügt auch, z. B. von einem Ereignis zu hören. Da erzählt die Arbeitskollegin von der Zahnbehandlung, und ohne dass wir darüber nachdenken müssen, verziehen wir schon das Gesicht. Das trifft auch auf Gefühle des anderen zu. Hat der Freund Liebeskummer und ist tieftraurig, trauern wir mit. Das ist nicht nur ein Gefühl, das wir uns in irgendeiner Weise einbilden, sondern es spielen sich in uns tatsächlich die neuronalen Muster des Traurigseins ab. Die Spiegelzellen ermöglichen uns überhaupt die Fähigkeit zur Empathie. Wären Nervenzellen nicht imstande, Handlungen und Empfindungen anderer Menschen zu spiegeln, gäbe es kein Mitgefühl und damit kein Hilfeverhalten unter den Menschen – eine Basis unserer funktionierenden Gesellschaft.

# Was ha
# mit Kreativität

Wenn Architekten ein Gebäude entwerfen, berücksichtigen sie häufig intuitiv Prinzipien, die einen Einfluss auf die menschliche Psyche haben. Auch wissenschaftliche Untersuchungen belegen, dass sich die Umgebung, in der wir wohnen oder arbeiten, auf unser Denken, Fühlen und Handeln auswirkt.

So beeinflusst zum Beispiel die Höhe eines Raumes die Art, wie eine Person denkt: In einem Raum mit hohen Decken notierten Versuchspersonen bei einer Denkaufgabe mehr abstrakte Ideen, während die Teilnehmer in einem niedrigeren Raum eher konkrete Vorstellungen entwickelten. Ein hoher Raum trägt also quasi dazu bei, das Denken zu „erweitern", während ein niedriger eine eher nüchterne, detailnahe Denkweise fördert. Die Raumhöhe kann daher jeweils für bestimmte Tätigkeiten förderlich sein: Muss jemand sich im Beruf auf Details konzentrieren und eher sachlich denken, wie etwa ein Chirurg oder ein Finanzbeamter, sind niedrigere Räume

# ie Raumhöhe zu tun?

geeigneter. Für künstlerisches, kreatives Schaffen eignen sich dagegen hohe Räume besser.
Auch die Gestaltung der Innenräume hat einen Einfluss auf die Psyche: Sind die Möbel und das Inventar einer Wohnung eher abgerundet, fühlen sich Menschen wohler als wenn die Wohnungseinrichtung viele Ecken und Kanten hat. Dies könnte damit zusammenhängen, dass eckige oder scharfkantige Objekte eher mit Gefahr in Verbindung gebracht werden.
Auch die Umgebung, in der jemand wohnt oder arbeitet, lässt sich nicht einfach ausblenden, sondern wirkt sich unbewusst auf unser Denken und unsere Gefühle aus. So zeigen Untersuchungen mit Kindern und jungen Erwachsenen, dass eine grüne, natürliche Umgebung Stress reduziert und die Aufmerksamkeitsleistung verbessert. Dies liegt vermutlich daran, dass der Blick ins Grüne wenig Anstrengung erfordert und daher eine erholsame Wirkung hat, die beim Blick auf Hauswände oder kahle Straßen fehlt.

# Spart es mehrere Dinge

Multitasking gilt in der modernen Arbeitswelt häufig als wichtig und wünschenswert. Und jemand, der mehrere Aufgaben parallel bewältigt, wird oft als besonders leistungsfähig angesehen. Neue Untersuchungen zeigen jedoch, dass oft das Gegenteil der Fall ist: Wenn jemand mehrere Dinge gleichzeitig tut, nimmt die Arbeitsleistung insgesamt ab. Dies zeigt sich zum einen darin, dass die Zahl der Fehler zunimmt, zum anderen werden auch die Reaktionszeiten deutlich länger. Dieser Effekt tritt sogar schon bei zwei relativ einfachen Aufgaben auf, zum Beispiel, wenn jemand gleichzeitig auf Töne und auf visuelle Reize reagieren soll. Der Grund dafür ist, dass wir beim Multitasking eben nicht mehrere Dinge zeitgleich tun, sondern in kurzen Zeitabständen zwischen Aufgaben hin- und her wechseln. Gleichzeitig versuchen wir, das jeweilige Ziel des Handelns im Blick zu behalten und unwichtige Informationen auszublenden. Ähn-

virklich Zeit,
gleichzeitig
zu tun?

lich wie in einer Situation, bei der man ständig unterbrochen wird und anschließend immer wieder versucht, den Faden neu aufzunehmen, sind wir beim Multitasking permanent abgelenkt. Da unser Gehirn versucht, diese Ablenkungen unter Kontrolle zu bringen, sind Fehlleistungen und Zeitverluste programmiert.

Durch wiederholtes Üben lässt sich Multitasking zwar bis zu einem gewissen Grad trainieren. Dadurch erhöht sich vor allem die Geschwindigkeit, mit der die Aufgaben im Gehirn verarbeitet werden, nicht jedoch die Verarbeitungskapazität, also der Umfang der Aufmerksamkeit für die verschiedenen Aufgaben. Der Trainingseffekt ist darüber hinaus ziemlich begrenzt: Er tritt nur bei der konkreten geübten Aufgabenkombination auf, bei neuen Aufgabenkombinationen kommt es dann wieder zu genau den gleichen Leistungsverlusten.

# Warum führt Lernen zum Vergessen?

Jeder, der schon einmal Vokabeln lernen musste, kennt die Situation: Man paukt und paukt, vergisst aber immer wieder einige Wörter. Nach der sogenannten Fragmentierungshypothese liegt das an einer Abrufstörung, der Interferenz: Wir vergessen zuvor gelernte Vokabeln, weil die neuen die alten überlagern. Aber auch neu Gelerntes geht uns oft abhanden, z. B. vergessen wir am Anfang oft unsere neue Telefonnummer. Das zuvor Gelernte – die jahrelang benutzte Nummer – ist so dominant, dass es das später Gelernte überlagert.

# Leben Optimisten wirklich besser?

Ja. Das gilt aber nur für diejenigen, die von Natur aus Optimisten sind. Ein Antrainieren von positivem Denken funktioniert offenbar nicht, es kann sogar gefährlich sein! Wiederholten Personen immer wieder Sätze wie „Ich bin liebenswert", fühlten sich diejenigen mit einem niedrigen Selbstwertgefühl schlechter als jene, die die Sätze nicht wiederholten. Vermutlich provozieren solche Gedanken bei ihnen gegenteilige, nämlich die wirklichen Gedanken. Mit mechanischen Selbstsuggestionsversuchen wird man also nicht zum Optimisten!

# Wissen wir eigentlic was

Man sollte meinen, dass uns die eigenen Einstellungen und Vorlieben bekannt sind. Manchmal sind wir aber doch in der Position eines Beobachters, der das eigene Verhalten wie das einer anderen Person sieht und daraus Rückschlüsse auf ihre Einstellung zieht. Stellen Sie sich vor, Sie bemerken, dass Sie in letzter Zeit öfter im Radio klassische Musik hören und dass Sie den Sender nicht wechseln, wie Sie dies bei Musik tun würden, die Ihnen überhaupt nicht liegt. Jetzt werden Sie gefragt, ob Sie klassische Musik mögen. Sie werden zögerlich antworten: „Ich weiß nicht so recht, zuletzt habe ich öfter Klassik gehört, offenbar mag ich sie."

Die Situation, die hier vorliegt, wird in der Selbstwahrnehmungstheorie behandelt: Wir beobachten unser Verhalten und schließen daraus auf unsere Einstellungen und Gefühle. Dies gilt allerdings nur dann, wenn unsere Einstellungen und Gefühle diffus, unklar sind. Wären Sie jemand, der schon seit Langem klassische Musik hört, Bücher über Komponisten

vir mögen?

liest, Klassik-CDs kauft und ins Konzert geht, dann wäre klar: „Ich liebe klassische Musik, also verhalte ich mich auch so, dass ich klassische Musik höre und mich dazu informiere“. In dem obigen Beispiel ist es aber nicht so, da Ihnen Ihr Gefühl zu diesem Genre nicht klar ist.
Ein anderes Beispiel wäre, dass jemand einem Bettler auf der Straße Geld gibt. Bisher hat er sich keine sonderlichen Gedanken darüber gemacht, ob er ein sehr sozialer Mensch ist. Nun hat er dem Bettler Geld gegeben. Er wird sich fragen, warum er das getan hat. Ist er besonders sozial eingestellt? Oder ist er heute gut gelaunt und also ein Mensch, der bei guter Laune spendabel ist? Oder hat er schlechte Laune, und eine Spende bessert seine Stimmung? Immer wenn eine Situation schwer definierbar und vieldeutig ist, versuchen Menschen, Rückschlüsse aus ihrem eigenen Verhalten zu ziehen.

# Bleiben wi
# die gleiche

Nein. Viele Menschen glauben zwar, unsere Persönlichkeit entwickele sich in unserer Kindheit und Jugend, und auch noch im jungen Erwachsenenalter. Aber wenn wir erst einmal 30 seien, seien wir sozusagen „fertig".
Eine große Studie hingegen hat ergeben: Unsere Persönlichkeit ist nicht festgeschrieben. Sie verändert sich sehr wohl und zwar über die ganze Lebenspanne. Die Forscher beobachteten dafür mehr als 14.000 Menschen zwischen 16 und 82 Jahren. Dafür maßen sie deren Persönlichkeitswerte in fünf wesentlichen Bereichen, den sogenannten Big Five: Damit wird erfasst, wie sehr jemand sozial verträglich, gewissenhaft, extrovertiert, neurotisch sowie offen für neue Erfahrungen ist.
Es zeigte sich: Mit steigendem Lebensalter werden wir immer introvertierter, ebenso nimmt unsere Neugier auf Neues ab. Dafür werden wir verträglicher und angenehmer. Den typischen Verlauf unserer Berufskarriere konnten die Forscher anhand der Gewissenhaftigkeit

nser Leben lang Persönlichkeit?

nachzeichnen: Wenn wir in den Beruf einsteigen, werden wir pflichtbewusster und bleiben dies erst einmal. Nach Renteneintritt nimmt unser Pflichtbewusstsein wieder ab. Da Gewissenhaftigkeit ein wesentlicher Faktor für beruflichen Erfolg ist, stehen wir entsprechend unter Druck, solange wir arbeiten, schließen die Forscher. Wenn dieser wegfällt, schleicht sich auch wieder der Schlendrian ein. Auch unser Beziehungsleben beeinflusst unsere Persönlichkeit. So werden wir introvertierter, wenn wir mit unserem Partner zusammenziehen oder heiraten, ebenso interessieren uns neue Dinge eher wenig. Nach einer Scheidung werden zumindest die Männer dafür wieder offener. Die Forscher sehen diese Ergebnisse insgesamt als einen Beleg dafür, dass unsere Persönlichkeit nicht nur Sache der Gene ist: Vielmehr hat sie einerseits einen Einfluss darauf, ob bestimmte Lebensereignisse eintreten. Andererseits wird sie aber auch von diesen Erfahrungen geformt.

# Wann vergesse

Es passiert, wenn wir ein Bild malen oder Klavier spielen. Beim Fußballspielen, Blumenpflanzen im Garten oder bei einer Bergwanderung. Und oft auch bei der Arbeit. Wenn wir völlig versunken und konzentriert bei einer Sache sind, vergessen wir uns selbst, die Zeit und die Welt um uns herum – und fühlen uns dabei auch noch ziemlich gut. Wir sind dann in einem Zustand, den Psychologen Flow nennen.

Kinder können wir häufig im Flow beobachten, sie rennen, spielen oder toben und bemerken nicht mal mehr, dass sie Hunger bekommen oder müde werden. Auch Künstler, die sich geradezu fanatisch ihrer Arbeit widmen, erleben dieses Gefühl, wenn sie malen, ein Gedicht schreiben oder eine Skulptur herstellen.

Flow tritt aber auch bei jedem von uns im Alltag auf. Wir sind im Flow, wenn wir ganz intensiv in einer angenehmen und positiven Aktivität aufgehen. Die Zeit vergeht wie im

vir uns selbst?

Flug, wir vergessen unsere Sorgen, denken auch nicht über andere, irrelevante Dinge nach. Gleichzeitig sind wir aber auch in einem gewissen Maße gefordert: Denn Flow-Aktivitäten sind weder zu leicht noch zu anspruchsvoll für uns. Vielmehr können wir unsere Fähigkeit optimal einsetzen. Und das löst bei uns ein intensives Glücksgefühl aus. Dabei ist es auch nicht wichtig, ob wir eine Belohnung von außen für diese Tätigkeit erhalten – wir tun diese Dinge um ihrer selbst willen, sie sind in sich belohnend. Klar ist aber auch, dass uns nicht alle Aktivitäten in Flow versetzen können – sind sie zu anspruchslos, langweilen wir uns, sind sie zu schwierig, fühlen wir uns überfordert. Besonders kreative, gestaltende und spielerische Tätigkeiten scheinen hingegen Flow auszulösen – weshalb wir uns nach einem Malkurs oder einer Runde Badminton oft besser und erholter fühlen, als wenn wir die gleiche Zeit auf der Couch vor dem Fernseher verbracht hätten.

# Wieso schaffen e uns zu Dingen wir

Manchmal lassen wir uns breitschlagen: Wir leihen einem unzuverlässigen Freund Geld, obwohl wir uns vorgenommen haben, es nicht mehr zu tun. Oder wir kaufen jemandem an der Haustür ein Abonnement ab, das wir gar nicht haben möchten.

Dahinter steckt oft die sogenannte Fuß-in-der-Tür-Technik. Die funktioniert so: Forscher wollten Hausbesitzer dazu bringen, ein großes Schild mit der Aufschrift „Fahren Sie vorsichtig" in ihrem Vorgarten aufzustellen. Sie begannen mit einer kleinen Bitte: Sie baten die Versuchspersonen um eine Unterschrift für eine Petition für sicheres Fahren. Fast alle stimmten dem gerne zu. Eine Woche später bat sie eine andere Person, eben jenes Schild aufzustellen: Es zeigte sich, dass diejenigen, die zuvor wegen der Petition kontaktiert worden waren, dreimal häufiger dazu bereit waren als eine Kontrollgruppe, die einfach so gefragt worden war.

Ein anderes Beispiel für diese Technik ist folgender Dialog:

„Du bist doch mein Freund, oder?"

„Ja."

nanche Leute,
u überreden, die
icht tun wollten?

„Und Freunde sollten sich helfen."
„Genau."
„Und Geld sollte dabei keine Rolle spielen, oder?"
„Richtig."
„Ich brauche deine Hilfe: Kannst du mir 100 Euro leihen?"
Allgemein gesagt, bedeutet dies: Menschen, die einen zu etwas überreden wollen, beginnen mit einer harmlosen Bitte oder Aussage, der man gerne zustimmt, lassen darauf aufbauend eine weitere, schon etwas gewichtigere, folgen und vielleicht noch eine weitere, bis sie schließlich am Ziel ihrer „Verhandlung" angekommen sind.
Da wir allen Aussagen bis dahin entsprochen haben, fällt es uns schwer, dann noch Nein zu sagen. Vor allem Verkaufsgespräche nutzen diese Überredungstechnik – und so tappen wir manchmal in die Falle eines redegewandten Verkäufers.

# Hab ich doch
# Oder

Hinterher ist man immer schlauer, heißt es. Und dennoch sind wir oft überzeugt davon, dass wir schon vorher gewusst haben, wie etwas ausgehen würde. Zum Beispiel die letzten Bundestagswahlen. Oder das Abschneiden der deutschen Fußballnationalmannschaft bei der letzten WM. Uns kommt dabei zugute, dass uns niemand vor dem Ereignis nach unserer Prognose gefragt hat. Denn unsere Sicherheit bei der Beurteilung vergangener Ereignisse ist eine trügerische: Oft beruht sie auf dem sogenannten Rückschau-Fehler.

Viele Untersuchungen konnten dieses Phänomen nachweisen: So wurden 1999 US-amerikanische Studenten danach gefragt, wie sie den Ausgang des wegen der Lewinsky-Affäre eingeleiteten Amtsenthebungsverfahrens gegen den damaligen US-Präsidenten Bill Clinton beurteilten. Drei Wochen vor der Entscheidung sagten sie, dass er mit einer Wahrscheinlichkeit von 50,5 Prozent verurteilt werden könne. Bekanntermaßen scheiterte das Verfahren, Clinton blieb im Amt. Zehn Tage nach dieser

# vorher gewusst! doch nicht?

Entscheidung fragten die Forscher die Studenten erneut: Mit welcher Wahrscheinlichkeit hätten Sie vor viereinhalb Wochen gesagt, dass Clinton verurteilt werden würde? Und plötzlich sagten die gleichen Versuchspersonen, dass sie die Wahrscheinlichkeit dafür mit 42,8 Prozent beurteilt hätten. Hier verzerren zusätzliche Informationen wie das Wissen über den Ausgang des Verfahrens also unser Urteilsvermögen.

So sehr man darüber schmunzeln möchte, kann der Rückschau-Fehler im Alltag schwerwiegende Konsequenzen haben. Zum Beispiel vor Gericht: Ist ein Arzt verdächtig, falsche medizinische Entscheidungen getroffen zu haben, die zum Tod eines Patienten geführt haben, ist es für einen Gutachter, der den Obduktionsbericht gelesen hat, leicht, zu sagen, das habe man vorher wissen müssen. Wem also das nächste Mal ein „Hab ich's doch gewusst" auf der Zunge liegt, sollte vielleicht noch einmal darüber nachdenken – und im Zweifel schweigen.

# Wieso mach im Mund

Dass unsere momentanen Gefühle Einfluss auf die jeweilige Körperhaltung, Mimik und Gestik haben, weiß jeder aus eigener Anschauung. Aber lässt sich unser inneres Empfinden auch durch äußere Reize manipulieren? Wie eine Untersuchung aus Deutschland zeigt, wirkt sich insbesondere die Mimik auf unsere Gefühle aus. Testpersonen, die einen Bleistift so im Mund hielten, dass ihre Mundwinkel nach oben zeigten, amüsierten sich mehr über eine Reihe von Cartoons als ihre Mitstreiter, deren Mundwinkel ohne ihr Wissen nach unten zeigten. Eine Erklärung hierfür bietet die Gesichts-Feedback-Hypothese, nach der die Bewegung der Gesichtsmuskeln unser emotionales Erleben steuert.
Neben der Mimik beeinflusst auch die Körperhaltung unsere Empfindungen. So fühlt man sich zum Beispiel in einer aufrechten Körperhaltung deutlich selbstbewusster. Diese Zusammenhänge, die die Wissenschaft als Embodiment

# …ein Bleistift fröhlicher?

bezeichnet, reichen noch weiter: Eine physisch höhere Position wird häufig mit Tugendhaftigkeit in Verbindung gebracht – tatsächlich verhielten sich Versuchsteilnehmer, die auf einer Rolltreppe nach oben fuhren, später großzügiger als Teilnehmer, die sich auf der Rolltreppe nach unten bewegten. Und ein bitterer Geschmack ist offenbar mit moralischer Strenge assoziiert: Personen, die zuvor ein bitteres Getränk konsumiert hatten, bewerteten moralische Fehltritte härter als eine Kontrollgruppe, die ein süßes Getränk oder Wasser getrunken hatte.

Solche Zusammenhänge entwickeln sich offenbar in der Kindheit, denn sprachliche Begriffe werden durch körperliche Erfahrungen erlernt. So wie Kinder allmählich verstehen, was ein Ball ist, indem sie ihn immer wieder anfassen, eignen sie sich auch abstrakte Begriffe in engem Zusammenhang mit einer körperlichen Empfindung an.

# Nimmt die
# mit steigendem

Ja, das ist so, aber nicht in der Art und nicht so stark, wie dies bisher angenommen wurde. Nach heutigen Erkenntnissen findet ein Nachlassen der kognitiven Fähigkeiten erst ab dem 60. Lebensjahr statt. Doch was bedeutet kognitive Leistungsfähigkeit?
Wir müssen unterscheiden: Zum einen gibt es den Abbau von Nervenzellen im Gehirn; dies ist organisch begründet und geschieht mit dem Älterwerden. Zum anderen gibt es das Nichtgebrauchen der kognitiven Funktionen, etwa wenn man sich nicht mehr in dem Maße wie früher mit dem Organisieren von Freizeitunternehmungen befasst. Beide Phänomene haben den Effekt, dass die intellektuelle Leistungsfähigkeit sinkt. Im ersten Fall ist die Leistungsfähigkeit nicht wiederherzustellen, im zweiten Fall aber durchaus, nämlich durch den Gebrauch des Intellekts. Wenn Arbeitgeber älteren Mitarbeitern z. B. keine Fortbildungsmaßnahmen zukommen lassen, weil sie meinen, es

ntelligenz Alter wirklich ab?

lohne sich bei diesen nicht mehr, fehlt diesen Mitarbeitern das Training, und es sieht so aus, als nehme die Intelligenz mit dem Alter ab. Viele ältere Menschen glauben auch selbst, dass sie fürs Denken zu alt sind und bringen sich um die Chance, noch viele Jahre geistig agil zu sein.
Bei allem Training: Ein organischer Abbau wird früher oder später stattfinden. Dies heißt aber noch lange nicht, dass die intellektuelle Leistung generell sinkt. Es gibt die fluide und die kristalline Intelligenz. Erstere erlaubt neues Lernen durch Speichern von Informationen im Gedächtnis, und diese Intelligenz lässt mit dem Alter nach. Die kristalline Intelligenz ermöglicht dagegen, Wissen und Erfahrung in Problemlösesituationen einzusetzen. Diese Form der Intelligenz nimmt bei älteren Menschen nicht ab, sondern bleibt stabil oder wächst sogar. Intelligenz schwindet also im Alter nicht generell, sondern Fähigkeiten verlagern sich!

# Warum fuchtel[n] Händen, wen[n]

Weil wir offenbar die Hilfe des Körpers benötigen, um uns an das Wort zu erinnern. Die Situation ist allseits bekannt: Während des Sprechens fehlt uns ein Wort, es liegt uns auf der Zunge, wir kommen aber nicht darauf – schon gestikulieren wir wild mit ausladenden Bewegungen. Wir deuten mit den Händen in eine Richtung, zeichnen einen Gegenstand nach, machen Auf- und Abbewegungen oder malen Kreise in die Luft. Das ist auch wissenschaftlich untersucht worden: Wurden Personen gebeten, mit verschränkten Armen Wörter zu erinnern, gelang ihnen das signifikant weniger als anderen, deren Gestikulation nicht unterbunden wurde. Und die Personen, die die Arme nicht verschränken mussten, fuchtelten sogleich mit den Händen und kamen schneller auf das Wort.

Wenn man bedenkt, wie viele Einzelinformationen sich in unserem Gehirn im Laufe der Jahre angesammelt haben, ist es nicht verwunderlich, dass das Abrufen der Informationen

wir mit den
ns ein Wort
nicht einfällt?

störanfällig ist. In der Situation eines „Es liegt mir auf der Zunge" – in der Forschung nennt man sie Tip-of-the-Tongue-Zustand – läuft das Gehirn auf Hochtouren. Psycholinguisten gehen davon aus, dass wir unserem Gehirn auf die Sprünge helfen, wenn wir unseren Körper an der Aufgabenlösung beteiligen. Es findet eine Art Übersetzung des inneren Bildes oder der Ahnung des Begriffes in eine Körperbewegung statt. Was genau geschieht, ist noch nicht bekannt. Vermutlich unterstützen wir durch das Gestikulieren unsere Konzentration beim Auffinden des verlorengegangenen Wortes. Körper und Geist sind dann nur mit einer Aufgabe beschäftigt und lassen sich durch nichts Anderes ablenken.
Wenn Ihnen also wieder einmal ein Wort auf der Zunge liegt, scheuen Sie sich nicht, Ihre Arme zu Hilfe zu nehmen – so werden Sie es schneller finden!

# Bei miese[r Laune arbeitet]
# der Verstand

Wir gehen davon aus, dass unsere geistige Leistung besser ist, wenn es uns gut geht – weil wir offener und eben nicht bedrückt sind. Aber weit gefehlt! Die kognitiven Funktionen, etwa die Gedächtnisleistung, scheinen bei schlechter Laune besser zu funktionieren als bei guter Laune.
Das hat eine Studie ergeben, in der Passanten bei trübem, regnerischem Wetter und bei heiterem, sonnigem Wetter an einem kleinen Gedächtnistest teilnahmen. Zunächst wurden sie nach ihrer Stimmung befragt. Wie erwartet gaben jene bei gutem Wetter gute, jene bei schlechtem Wetter schlechte Stimmung an. Anschließend wurden ihnen mehrere Gegenstände gezeigt. Später befragt, was sie gesehen hatten, erinnerten sich die schlecht Gelaunten an mehr Gegenstände als die gut Gelaunten.
Offenbar ist bei positiver Gemütslage unsere Merkfähigkeit vermindert, wir sind weniger aufmerksam und nehmen Details weniger gut wahr – bei Hochstimmung sind wir

sozusagen oberflächlicher. Das ist leicht vorstellbar, wenn man beispielsweise an einen frisch verliebten Menschen denkt. Bei schlechter Laune ist die Lage anders. Missmutig Gestimmte erinnern sich an Ereignisse besser, weil sie mehr auf einkommende neue Informationen achten und somit genauer sind. Hingegen gehen gut Gelaunte mehr von früheren Erfahrungen aus, übersehen neue Informationen und machen Fehler in der Erinnerung.

Gut Gelaunte lassen sich auch stärker beeinflussen, wie eine weitere Untersuchung zeigt: Versuchspersonen sollten Fragen zu inhaltlichen Details eines zuvor angesehenen Films beantworten. Eingestreuten falschen Informationen stimmten die gut gelaunten Teilnehmer überwiegend zu. Die schlecht gelaunten waren dagegen wacher und kritischer und fielen nicht auf die Irreführungen herein.

Es ist also höchste Zeit, das schlechte Image der schlechten Laune zu korrigieren!

# Warum haben wir einem Flugzeugabstur[z] wahrscheinlicheren tödlichen

Weil wir dazu neigen, spektakuläre, schreckliche Ereignisse zu überschätzen. Obwohl die Wahrscheinlichkeit, durch einen Autounfall zu sterben, sehr viel höher ist als durch einen Flugzeugabsturz, glauben wir, dass sich eher der zweite Fall ereignen wird. Denn an Autounfälle sind wir gewöhnt; sie kommen so häufig vor, dass wir sie nicht mehr sonderlich wahrnehmen, sie fallen uns kaum noch auf. Und: Da wir täglich selbst Auto fahren, uns also ständig einer Gefahr aussetzen, müssen wir dies verdrängen, um uns vor der Belastung zu schützen – es ist also ein verdrängtes Risiko. Zu einer falschen Einschätzung von Gefahren trägt auch die persönliche Betroffenheit bei. Wer in seinem Umfeld viele Krebsfälle erlebt, schätzt das Krebsvorkommen höher ein als es ist. Ebenso überschätzen wir Gefahren, wenn wir das Gefühl haben, keine oder wenig Kontrolle über die Situation zu haben: Gehen wir selbst das Risiko ein, z. B. wenn wir

# nehr Angst vor als vor einem viel Autounfall?

rauchen oder eine riskante Sportart treiben, dann spielen wir die Gefahr herunter. Sind wir der Gefahr unfreiwillig ausgesetzt, wie bei einer Naturkatastrophe, übertreiben wir die Gefahr.

Wir unterschätzen auch Gefahren, wenn wir Hilfsmittel zur Risikominimierung verwenden. Trotz Sonnenschutzcremes wächst die Zahl der Hautkrebsfälle. Trotz – oder gerade deswegen? Forscher meinen, dass wir uns sicherer fühlen, wenn wir uns eingecremt haben, mit der Folge, dass wir sehr viel länger in der Sonne bleiben. Genau so verhält sich ein Autofahrer, der in seinem Wagen ABS hat: Vermeintlich beschützt, fährt er nun riskanter und erhöht die Wahrscheinlichkeit eines Unfalls. Ohne Sonnenschutzcreme und ohne ABS wären wir aber vorsichtiger. Ergo: Hilfsmittel sollten wir als zusätzliche Vorsichtsmaßnahme betrachten, nicht als Freischein für riskanteres Verhalten.

# Warum wenn wir bei unterbroche

Der Mensch hat ein natürliches Bedürfnis danach, „Gestalten" zu schließen. Stellen Sie sich die Zeichnung eines Kreises vor, bei dem aber ein Stück Linie fehlt, der Kreis also nicht vollständig geschlossen ist. Wir nehmen die Zeichnung trotzdem als einen Kreis wahr. Niemand würde auf die Idee kommen, zu sagen, er sehe eine Linie, die „fast kreisrund" gezeichnet ist. Die Lücke schließen wir in unserem Geist, ohne einen Moment darüber nachzudenken. Die sogenannte Gestaltpsychologie spricht bei dem Kreis-Beispiel vom Gesetz der Geschlossenheit.

Wie bei dieser Sinneswahrnehmung haben wir auch das Bedürfnis, unerledigte Dinge abzuschließen und nicht halb fertiggestellt liegen zu lassen. Das Unerledigte erzeugt eine Spannung in uns und verbleibt im Gedächtnis. In einer ähnlichen Situation erinnern wir uns an das Unerledigte und erleben wieder Spannung. Entspannung erfahren wir erst, wenn wir die Arbeit abgeschlossen haben. Dieser Zustand

stört es uns,
einer Handlung
werden?

der Spannung durch Unerledigtes ist als Zeigarnik-Effekt bekannt – benannt nach seiner Entdeckerin, einer bulgarischen Psychologin. Unterbrechungen unserer Handlungen erleben wir oft bei der Arbeit. Durch Anrufe, anklopfende Kollegen, ausfallende EDV und spontan einberufene Sitzungen werden wir ständig aus der Tätigkeit herausgerissen. Das Unterbrochenwerden zählt zu den am häufigsten genannten Stressfaktoren am Arbeitsplatz. Arbeitgeber sollten daher um das Bedürfnis nach dem Schließen von Gestalten wissen und versuchen, ihren Mitarbeitern Zeiten ungestörten Arbeitens zu ermöglichen.
Den Zeigarnik-Effekt kennen wir übrigens auch vom Fernsehen, wenn Werbespots an der spannendsten Stelle der Filme platziert werden – und wir, wieder einmal unangenehm unterbrochen, statt des Fortgangs der Filmhandlung nun ungewollt ein angepriesenes Produkt betrachten.

# Wirkt Weinen

„Heul dich mal richtig aus", lautet oft der Rat guter Freunde, wenn es uns schlecht geht. Wir gehen nämlich davon aus, dass Weinen gut tut. Ist das aber wirklich der Fall? Erwiesen ist, dass in Trauertränen, anders als in Tränen durch die berühmte Zwiebel, Stresshormone enthalten sind. So liegt es nahe, anzunehmen, dass es für den Weinenden eine Wohltat sein muss, diese Stoffe loszuwerden. Allerdings ist die Menge an ausgespülten Hormonen zu gering, um eine Änderung der Gefühle herbeizurufen – so die Kritiker der Theorie.

Untersuchungen haben gezeigt, dass Weinen nicht nur nicht beruhigt, sondern sogar die Stimmung drücken kann: Wurde Personen ein zu Tränen rührender Film gezeigt und weinten diese, fühlten sie sich danach bedrückt. Wurde später noch einmal die traurige Schlussszene gezeigt, sank die Stimmung weiter. Bei anderen aber, die am Weinen gehindert wurden – ihnen wurde zur Ablenkung eine lustige Szene eines anderen Films gezeigt –, verbesserte sich die Stimmung!

## wirklich befreiend?

Was stimmt nun? Des Rätsels Lösung: Tränen bringen nur dann Erleichterung, wenn genau eine andere Person anwesend ist. Sie bringen keine Erleichterung, wenn niemand oder wenn mehr als eine Person da ist. Heulen hat also nicht per se einen kathartischen Effekt. Was befreiend wirkt, ist die Anteilnahme und Zuwendung eines Menschen. Bei mehreren Personen ist der Weinende verunsichert – eine vertrauliche Atmosphäre entsteht hier nicht.

Dem Weinen kommt somit eine Appellfunktion zu, es ist ein Kommunikationsmittel: Ein Mitmensch soll sich um einen kümmern. Wer also echte Befreiung durch Tränen sucht, sollte sie bei einem nahestehenden Menschen vergießen!

Und was ist mit Tränen aus Freude? Das sind offenbar nur aufgeschobene Gefühle. Wer endlich sein Diplom in die Hand bekommt, weint nicht vor Freude, sondern beweint die stressreichen Jahre davor.

# Warum Mitglieder vo Gruppen

Wir kennen es aus der Politik oder von Interessenverbänden, aber auch im privaten oder im Arbeitsleben: Menschen, die zu einer bestimmten Gruppe gehören, sei es eine Partei, ein Verein, eine bestimmte Abteilung eines Unternehmens oder einfach nur eine sich nach außen abgrenzende Freundes-clique, machen oft einen engstirnigen Eindruck und scheinen nicht über den eigenen Tellerrand hinausblicken zu können. Dahinter steckt ein Phänomen, das in der Sozialpsychologie als Gruppendenken bezeichnet wird. Gruppendenken ist gekennzeichnet dadurch, dass sich die Gruppenmitglieder selbst überschätzen, schlechte Entscheidungen schönreden und Außenstehende stereotypisieren, zudem gibt es unter ihnen Druck, sich einstimmig zu verhalten – kritische Stimmen und Zweifel sind nicht erwünscht. Dies alles führt zu einer selektiven Wahrnehmung. Daher laufen solche Gruppen Gefahr, mitunter weitreichende Fehlentscheidungen zu treffen. Untersuchungen konnten beispielsweise nachweisen, dass dies in der Politik der Fall sein kann.

erscheinen uns bestimmten so engstirnig?

Gruppendenken wird gefördert durch einen starken Gruppenzusammenhalt, eine homogene Gruppenstruktur sowie durch die Situation von außen, zum Beispiel, wenn diese als bedrohlich empfunden wird. Entsprechend kann man dieses Phänomen verhindern, wenn beispielsweise ein Gruppenmitglied die Funktion des Kritikers einnimmt und die Struktur der Gruppe eher heterogen ist.
Für Fehlentscheidungen von Gruppen gibt es aber auch andere Gründe: Einer ist die sogenannte Gruppenpolarisierung, die besagt, dass die Meinungen von Gruppenmitgliedern zu einem bestimmten Thema nach einer Diskussion extremer sind als vorher. Sozialpsychologen führen dies unter anderem darauf zurück, dass sich die einzelnen Mitglieder im Laufe der Diskussion in ihren eigenen Tendenzen durch extremere Argumente von anderen bestärkt sehen und fortan selbst überdurchschnittlich extreme Ansichten vertreten.

# Sind Menschen, die leicht zu hypnotisieren sind, leichtgläubiger? werden können

Nein. Mit Leichtgläubigkeit oder Naivität hat es nichts zu tun, wenn jemand schnell und stark auf die Suggestionen eines Hypnotiseurs reagiert. Vielmehr sind solche Menschen sehr fantasiebegabt – sie können sich gut in andere Welten versetzen, zum Beispiel beim Lesen von Romanen oder Musikhören.
Hypnose wird heutzutage beispielsweise beim Zahnarzt oder bei der Schmerztherapie angewandt. Wenn wir an die Schlange Kaa und ihre rollenden Augen aus dem Dschungelbuch denken, wirkt es zwar so, als könne ein geübter Hypnotiseur innerhalb weniger Sekunden jeden Menschen in Trance versetzen. Tatsächlich lassen sich aber nicht alle Menschen gleich gut hypnotisieren – es gibt sogar Menschen, die man gar nicht hypnotisieren kann.
Der Hypnotiseur suggeriert der zu hypnotisierenden Person, sich bestimmte Situationen bildlich vorzustellen. Dabei ist es jedoch vom „Talent" des Hypnotisierten abhängig, wie gut die Suggestionen wirken. Hier gibt es große individuelle Unterschiede. Menschen mit einer hohen Hypnotisierbarkeit

# ie hypnotisiert eichtgläubiger?

können sogar nicht mehr den Kopf schütteln, wenn ihnen dies vorher suggeriert wurde. Oder sie können die Arme nicht mehr bewegen, wenn ihnen der Hypnotiseur gesagt hat, diese seien Eisenstangen. Personen mit einer niedrigen Hypnotisierbarkeit lassen sich nicht so weitreichend beeinflussen.

Die Hypnotisierbarkeit ist eine recht stabile Persönlichkeitseigenschaft. Untersuchungen haben gezeigt, dass sie sich auch innerhalb mehrerer Jahre nur wenig verändert. Es gibt jedoch Hinweise darauf, dass sich Kinder besser hypnotisieren lassen als Erwachsene. Studien mit ein- und zweieiigen Zwillingen deuten zudem darauf hin, dass es genetische Faktoren gibt, die die Hypnotisierbarkeit beeinflussen.

Auch wenn es bei den Shows der Mentalisten anders wirken mag: Hypnose hängt nicht von der „Macht" des Hypnotiseurs ab: Vielmehr entscheidet die Vorstellungskraft des Hypnotisierten darüber, wie gut sie funktioniert.

# Warum nicht selbs

Wir können das tun, aber das wird uns nicht zum Lachen bringen. Wir müssen schon von jemand anderem gekitzelt werden. Genauso wie wir mehr davon haben, wenn uns jemand anderes streichelt.
Zumindest im Falle des Streichelns verwundert das nicht: Wir erfahren Zuwendung von einer anderen Person, wir fühlen uns gesehen und geliebt. Doch gibt es auch eine physiologische Erklärung für die unterschiedliche Wahrnehmung von Hautkontakt:
Veränderungen an der Haut nehmen wir nur dann wahr, wenn die Veränderung außergewöhnlich ist. Wenn wir z. B. eine Weile sitzen, dann hat das Gesäß die ganze Zeit den Kontakt zur Sitzfläche. Da dies keine besondere Bedeutung für unseren Körper hat, braucht das Gehirn nicht ständig die Information zu erhalten, dass ein Kontakt von Po und Untergrund besteht – die Reizung erfährt eine Dämmung. So ist das auch mit der Eigen-

## önnen wir uns kitzeln?

berührung. Wir wissen, dass wir uns berühren werden, und kommt die Berührung zustande, ist dies nichts Ungewöhnliches – das Gehirn muss also keine besondere Mitteilung empfangen. Wenn wir aber plötzlich von einem Insekt gestochen werden, dann ist dies ein unerwartetes, außergewöhnliches Ereignis. Wir springen sofort auf. In diesem Fall ist die Weiterleitung der Information wichtig: Es muss geprüft werden, ob eine Gefahr besteht. Und gegebenenfalls unternehmen wir etwas gegen diese – wir schütteln das Tier ab.

Man stelle sich vor, dass Reize wie der des Sitzkontakts, Luftwärme, die an der Haut gespürt wird, oder der Kontakt mit Kleidung ständig als wichtige Reize weitergeleitet und wahrgenommen würden. Dann würden besondere Reize nicht mehr auffallen. Die Reizdämmung ist also eine Filterfunktion, die Platz macht für die wirklich überlebenswichtigen Informationen.

# Sind die Menschen heute intelligenter als früher?

Tatsächlich erreichen die Menschen in den Industrieländern seit 1900 pro Generation rund 18 IQ-Punkte mehr bei Intelligenztests. Dieser nach seinem Entdecker benannte Flynn-Effekt ist nach Ansicht von Forschern auf eine bessere Ernährung, höhere Bildungsstandards und eine stärkere Förderung durch die Eltern zurückzuführen – unsere kognitiven Fähigkeiten verbessern sich unter solchen guten Bedingungen. Mit dem Fortschritt hat allerdings auch unser Wissen zugenommen, weshalb IQ-Tests immer ihrer Zeit angepasst werden müssen.

## Sie möchten mehr erfahren über die psychologischen Phänomene in diesem Buch?


Seite | Unser Literaturtipp

7 | Kastner-Koller, U., Deimann, P. Psychologie als Wissenschaft. Wien: Facultas, 2007.
8 | Chabris, C. F., Simons, D. J. The Invisible Gorilla (and Other Ways Our Intuitions Deceive Us). New York: Crown, 2010.
10 | Miles, L. u. a. Moving through Time. Psychological Science, 21 (2), 2010.
12 | Myers, D. G., Grosser, C. Psychologie. Heidelberg: Springer, 2005.
14 | Zimbardo, Ph. G., Gerrig, R. J. Psychologie, München: Pearson Studium, 2008.
15 | Winterhoff-Spurk, P. Medienpsychologie. Eine Einführung. Stuttgart: Kohlhammer, 2004.
16 | Chen, H., Rao, A. R. When Two and Two is Not Equal to Four: Errors in Processing Multiple Percentage Changes. Journal of Consumer Research, 34 (3), 2007.
18 | Neumann, F. Schöne Menschen haben mehr vom Leben. Die geheime Macht der Attraktivität. Frankfurt: Fischer Taschenbuch, 2006.
20 | Wittman, M. u. a. Social Jetlag: Misalignment of Biological and Social Time. Chronobiology International, 23 (1, 2), 2006.
22 | Wu, Zh., Li, K. Medical Progress. Issues about the Nocebo Phenomena in Clinics. Chinese Medical Journal, 122 (9), 2009.
24 | Hülshoff, T. Emotionen. München, Basel: UTB Reinhardt, 2006.
26 | Stephens, R. u. a. Swearing as a Response to Pain. In: NeuroReport 20 (12), 2009.
28 | Brown, A. S., Marsh, E. J. Digging into Déjà Vu: Recent Research Findings on Possible Mechanisms. In: B. H. Ross (Hrsg.), The Psychology of Learning and Motivation, 53, Burlington: Academic Press, 2010.
30 | Zimbardo, Ph. G., Gerrig, R. J. Psychologie. Berlin, Heidelberg, New York: Springer, 1999.
32 | Aronson, E. u. a. Sozialpsychologie. München: Pearson Studium, 2008.
33 | Rosenzweig, Ph. Der Halo-Effekt. Wie Manager sich täuschen lassen. Offenbach: Gabal Verlag, 2008.
34 | Pervin, L. A. u. a. Persönlichkeitstheorien. München: Ernst Reinhardt, 2005.
36 | Ansorge, U., Leder, H. Wahrnehmung und Aufmerksamkeit. Wiesbaden: VS Verlag für Sozialwissenschaften, 2011.
38 | Spering, M., Schmidt, T. Allgemeine Psychologie, Beltz Verlag, Weinheim, Basel: Beltz, 2008.
40 | Back, M. D. u. a. Becoming Friends by Chance. Psychological Science, 19 (5), 2008.
42 | Ruvio, A. A., Shoham, A. Aggressive Driving: A consumption Experience. Psychology and Marketing, 28 (11), 2011.
44 | Ariely, D. Predictably Irrational. The Hidden Forces That Shape Our Decisions. New York: Harper Collins, 2010.
46 | Weinberg, R. Does Imagery Work? Effects on Performance and Mental Skills. Journal of Imagery Research in Sport and Exercise, 3, 2004.
48 | Buffardi, L. E., Campbell, W. K. Narcissism and Social Networking Web Sites. Personality and Social Psychology Bulletin, 34 (10), 2008.
50 | Cialdini, R. B. Die Psychologie des Überzeugens: ein Lehrbuch für alle, die ihren Mitmenschen und sich selbst auf die Schliche kommen wollen. Bern: Huber, 2010.
52 | Bermeitinger, C. u. a. The Hidden Persuaders Break into the Tired Brain. Journal of Experimental Social Psychology, 45 (2), 2009.
54 | Reber, R. u. a. Processing Fluency and Aesthetic Pleasure: Is Beauty in the Perceiver's Processing Experience? Personality and Social Psychology Review, 8 (4), 2004.
55 | Es tut mir in der Seele weh. Soziale Ablehnung aktiviert Hirnareale, die körperlichen Schmerz vermitteln. In: Gehirn & Geist, 29.03.2011. http://www.gehirn-und-geist.de/artikel/1067618&_z=798884
56 | Webb, T. L., Sheeran, P. Does Changing Behavioral Intentions Engender Behavior Change? A Meta-analysis of the Experimental Evidence. Psychological Bulletin, 132 (2), 2006.
58 | Spering, M., Schmidt, T. Allgemeine Psychologie, Beltz Verlag, Weinheim, Basel: Beltz, 2008.
60 | Weinert, A. B. Organisations- und Personalpsychologie. Lehrbuch. Weinheim: Beltz, 2004.
62 | Zimbardo, Ph. G., Gerrig, R. J. Psychologie, München: Pearson Studium, 2008.
64 | Alfermann, D. u. a. Lehrbuch Sportpsychologie. Bern: Huber, 2010.
66 | Bodenmann, G. u. a. The Relationship between Dyadic Coping, Marital Quality and Well-being: A Two Year Longitudinal Study. Journal of Family Psychology, 20, 2006.

68 | Batthyany, A. Mental Causation and Free Will after Libet and Soon: Reclaiming Conscious Agency. In: A. Batthyany, A. Elitzur (Hrsg.). Irreducibly Conscious. Selected Papers on Consciousness. Heidelberg: Universitätsverlag Winter, 2009.
70 | Renner, K. H. u. a. Internet und Persönlichkeit: Stand der Forschung und Perspektiven. report Psychologie, 11/12 2005.
72 | Greitemeyer, T. u. a. Der Einfluss versunkener monetärer und zeitlicher Kosten auf Ressourcenallokationen: Eine Studie zum „Sunk-Cost-Effekt" mit Experten. Zeitschrift für Arbeits- und Organisationspsychologie, 49, 2005.
74 | Jack, R. E. u. a. Cultural Confusions Show That Facial Expressions Are Not Universal. Current Biology, 19 (18), 2009.
76 | Margolis, R., Myrskylä, M. A Global Perspective on Happiness and Fertility. Population and Development Review, 37 (1), 2011.
78 | Viellard, S. Töne mit Tiefenwirkung. Gehirn & Geist, 3, 2005.
80 | Moser, K. Wirtschaftspsychologie. Heidelberg: Springer, 2007.
81 | Ocklenburg, S., Güntürkün, O. Head-turning Asymmetries during Kissing and Their Association with Lateral Preference. Laterality, 14, 2009.
82 | Hülshoff, T. Emotionen. München, Basel: UTB Reinhardt, 2006.
84 | Hülshoff, T. Emotionen. München, Basel: UTB Reinhardt, 2006.
86 | Alfermann, D. u. a. Lehrbuch Sportpsychologie. Bern: Huber, 2010.
88 | Zajonc, R. B. u. a. Convergence in the Physical Appearance of Spouses. Motivation and Emotion, 11 (4), 1987.
90 | Spering, M., Schmidt, T. Allgemeine Psychologie, Beltz Verlag, Weinheim, Basel: Beltz, 2008.
92 | Salewski, C., Renner, B. Differentielle und Persönlichkeitspsychologie. München: UTB Reinhardt, 2009.
94 | Block, R. A. u. a. How Cognitive Load Affects Duration Judgments: A Meta-analytic Review. Acta Psychologica, 134 (3), 2010.
96 | Fraley, B., Aaron, A. The Effect of a Shared Humorous Experience on Closeness in Initial Encounters. Personal Relationships, 11, 2004.
98 | Goertzel, T. Belief in Conspiracy Theories. Political Psychology, 15, 1994.
100 | Higgs, S. u. a. Recall of Recent Lunch and its Effect on Subsequent Snack Intake. Physiology & Behavior, 94, 2008.
102 | Perrez, M., Gebbert, S. Veränderung gesundheitsbezogenen Risikoverhaltens: Primäre und sekundäre Prävention. In: P. Schwenkmezger, L. R. Schmidt (Hrsg.). Gesundheitspsychologie, 1994.
104 | Loftus, E. F. Our Changeable Memories: Legal and Practical Implications. Nature Reviews Neuroscience, 4, 2003.
106 | McAndrew, F. T. u. a. Who Do We Tell, and Whom Do We Tell on? Gossip as a Strategy for Status Enhancement. Journal of Applied Social Psychology, 37, 2007.
108 | Braun, C. u. a. Beautycheck – Ursachen und Folgen von Attraktivität. Projektabschlussbericht. 2001. http://www.beautycheck.de/cmsms/index.php/der-ganze-bericht
110 | Schnotz, W. Pädagogische Psychologie. Weinheim: Beltz, 2009.
112 | Martin, R. A. The Psychology of Humor: An Integrative Approach. Burlington, San Diego, London: Elsevier, 2007.
114 | Spering, M., Schmidt, T. Allgemeine Psychologie, Beltz Verlag, Weinheim, Basel: Beltz, 2008.
116 | Leaper, C., Ayres, M. M. A Meta-analytic Review of Gender Variations in Adults' Language Use: Talkativeness, Affiliative Speech, and Assertive Speech. Personality and Social Psychology Review, 11 (4), 2007.
117 | Borkenau, P. u. a. Genetic and Environmental Influences on Observed Personality: Evidence from the German Observational Study of Adult Twins. Journal of Personality and Social Psychology, 80 (4), 2001.
118 | Hasselhorn, M., Gold, A. Pädagogische Psychologie: Erfolgreiches Lehren und Lernen. Stuttgart: Kohlhammer, 2009.
120 | Boersma, K., Linton, S. J. Expectancy, Fear and Pain in the Prediction of Chronic Pain and Disability: A Prospective Analysis. European Journal of Pain, 10 (6), 2006.
122 | Pronin, E. u. a. Everyday Magical Powers: The Role of Apparent Mental Causation in the Overestimation of Personal Influence. Journal of Personality and Social Psychology, 91, 2006.
124 | Ronald E. Riggio: Charisma: What Is It? Do You Have It? Psychology Today, 15.02.2010. http://www.psychologytoday.com/blog/cutting-edge-leadership/201002/charisma-what-is-it-do-you-have-it
126 | Zimbardo, Ph. G., Gerrig, R. J. Psychologie, München: Pearson Studium, 2008.

128 | Schmitt, M., Altstötter-Gleich, C. Differentielle Psychologie und Persönlichkeitspsychologie. Weinheim, Basel: Beltz, 2010.
130 | Myers, D. G., Grosser, C. Psychologie. Heidelberg: Springer, 2005.
132 | Wegner, D. M. Ironic processes of Mental Control. In: Psychological Review, 101 (1), 1994.
134 | Alfermann, D., Stoll, O. Sportpsychologie. Ein Lehrbuch in 12 Lektionen. Aachen: Meyer & Meyer, 2007.
136 | Töpfer, A. Betriebswirtschaftslehre: Anwendungs- und prozessorientierte Grundlagen. Berlin, Heidelberg, New York: Springer, 2007.
138 | Rist, F. u. a. Aber morgen fange ich richtig an! Prokrastination als verbreitete Arbeitsstörung. Personalführung, 6, 2006.
140 | Hülshoff, T. Emotionen. München, Basel: UTB Reinhardt, 2006.
141 | Zimbardo, Ph. G., Gerrig, R. J. Psychologie. Berlin, Heidelberg, New York: Springer, 1999.
142 | Hülshoff, T. Emotionen. München, Basel: UTB Reinhardt, 2006.
144 | Milliman, R. E. Using Backgroung Music to Affect the Behavior of Supermarket Shoppers. Journal of Marketing, 46, 1982.
146 | Lingenhöhl D. Die Angst des Torwarts vor den Rothemden. 2005. http://www.wissenschaft-online.de/artikel/779766&_z=859070
148 | Born, J., Wilhelm I. System Consolidation of Memory during Sleep. Psychological Research, 05.2011. Veröffentlicht online http://www.springerlink.com/content/32m387l52721m657/fulltext.pdf
149 | Wirtz, B. W. Multi-Channel-Marketing. Wiesbaden: Gabler, 2008.
150 | Bauer, J. Warum fühle ich, was du fühlst. Intuitive Kommunikation und das Geheimnis der Spiegelneurone. Hamburg: Hoffmann und Campe Verlag, 2006.
152 | Meyers-Levy, J., Zhu, R. The Influence of Ceiling Height: The Effect of Priming on the Type of Processing That People Use. Journal of Consumer Research, 34 (2), 2007.
154 | Koch, I. Mechanismen der Interferenz in Doppelaufgaben. Psychologische Rundschau, 59 (1), 2008.
156 | Zimbardo P. G., Gerrick R. J. Psychologie. München: Pearson Studium, 2008.
157 | Wood, J. V. u. a. Positive Self-Statements, Power for Some, Peril for Others. 2009. http://pss.sagepub.com/content/20/7/860
158 | Aronson, E. u. a. Sozialpsychologie. München: Pearson Studium, 2008.
160 | Specht, J. u. a. Stability and Change of Personality across the Life Course: The Impact of Age and Major Life Events on Mean-level and Rank-order Stability of the Big Five. Journal of Personality and Social Psychology, 101 (4), 2011.
162 | Csikszentmihalyi, M. Das flow-Erlebnis. Jenseits von Angst und Langweile: im Tun aufgehen. Stuttgart: Klett-Cotta, 2010.
164 | Aronson, E. u. a. Sozialpsychologie. München: Pearson Studium, 2004.
166 | Kalat, J. W. Introduction to Psychology. Belmont: Cengage Learning Wadsworth, 2008.
168 | Sanna, L. J. u. a. Rising up to Higher Virtues: Experiencing Elevated Physical Height Uplifts Prosocial Actions. Journal of Experimental Social Psychology, 47, 2011.
170 | Roßnagel, S. Mythos: „alter“ Mitarbeiter. Lernkompetenz jenseits der 40? Weinheim: Beltz, 2008.
172 | Paschek, G. Gehirn & Geist 6, 2011.
174 | Gielas, A. Die guten Seiten der schlechten Laune. Gehirn & Geist 7, 8, 2009, 2010.
176 | Heilmann, K. Das Risikobarometer. Wie gefährlich ist unser Leben wirklich? München: Heyne, 2010.
178 | Lück, H.E. (1998). Die Feldtheorie und Kurt Lewin. Eine Einführung. Weinheim: Beltz.
180 | Marschall, J. Die Sprache der Tränen. Gehirn & Geist, 10, 2009.
182 | Sturm, A. u. a. Organisationspsychologie. Wiesbaden: VS Verlag für Sozialwissen-schaften, 2011.
184 | Zimbardo, Ph. G., Gerrig, R. J. Psychologie. Berlin, Heidelberg, New York: Springer, 1999.
186 | Osterkamp J. Blende mich aus. 2005 http://www.wissenschaft-online.de/artikel/781960
188 | Woolfolk, A., Schönpflug, U. Pädagogische Psychologie. München: Pearson Studium, 2008.

Wann finden wir ein Gemälde schön?

Warum v

Men

Wieso s

Vorsätze so oft

Ein Kind für ein gutes Ver zu belohnen, ist manch grundfalsch!

Warum tut es so weh, verlassen zu werden?

Ir

Sch

Morg

zum